Herbert Liedel · Helmut Dollhopf

Der Alte Kanal

Traum und Wirklichkeit

TÜMMEL

Die Autoren bedanken sich bei:

Gerlinde Delacroix, Berching
Hans Grüner, Nürnberg
Heinz Härtlein, Worzeldorf
Heidrun und Fritz Loss, Gnadenberg
Barbara und Hans-Georg Luber, Berching-Pollanten
Ilse Neumann, Nürnberg
Werner Schwarz, Nürnberg
Hannelore und Werner Volland, Nürnberg

Literaturhinweise

Stefan Breuer: Die Gesellschaft des Verschwindens (Hamburg 1992)
Herbert Liedel · Helmut Dollhopf: Der alte Kanal (Würzburg 1981)
Herbert Liedel · Helmut Dollhopf: Der alte Kanal – Der neue Kanal (Würzburg 1993)
Herbert Liedel ·Helmut Dollhopf: 150 Jahre Alter Kanal (Nürnberg 1996)
Friedrich Schultheis · Alexander Marx: Der Ludwig-Kanal (Nürnberg 1847)

Bildnachweis:

Stadtarchiv, Kelheim: S. 42/43, 44, 45
Rubert Schmid, Kelheim: S. 46
A. Kettner, Riedenburg: S. 47 (unten)
Wasser- und Schifffahrtsamt, Nürnberg: S. 48, 49 (unten), 86 (unten), 87
Foto Rösch, Dietfurt: S. 49 (mitte)
Richard Fritz, Kelheim: S. 49 (oben)
Andreas Seitz, Berching: S. 50
Stadtarchiv, Berching: S. 51 (unten), 51 (oben), 52, 53 (oben)
Hans Wolf, Pfeifferhütte: S. 53 (unten)
Willibald Stich, Flussmeisterstelle Neumarkt: S. 54 (oben)
Heimatmuseum, Neumarkt: S. 55
Werner Schwarz, Nürnberg: S. 56, 57, 58, 59
Naturhistorische Gesellschaft Nürnberg e.V.: S. 60
Ilse Neumann, Nürnberg: S. 61 (oben, links und rechts)
Peter Müller, Nürnberg: S. 61 (unten)
Walter Falk, Nürnberg: S. 62, 70, 71 (unten)
Familie Böhm, Schwarzenbruck: S. 63 (unten)
L. Fürst, Röthenbach/St. Wolfgang: S. 64/ 65
Heinz Härtlein, Worzeldorf: S. 66, 67, 68, 69
Straßenbauamt Nürnberg: S. 71 (oben)
Eva Mötsch, Rückersdorf: S. 72, 73
Familie Nigl, Nürnberg: S. 74, 75 (unten)
Museum Industriekultur, Nürnberg: S. 75 (oben)
Stadtarchiv, Fürth: S. 76, 77, 78, 79 (oben), 81, 82, 83
Hans Weigel, Nürnberg-Großgründlach: S. 80
Stadtarchiv Erlangen: S. 84
Stadtarchiv Forchheim: S. 86 (oben)
Staatsbibliothek, Bamberg: S. 88, 89 (unten), 90
Stadtarchiv, Bamberg: S. 89 (oben), 91 (oben)
Nichtaufgeführte Abbildungen befinden sich
im Kanalarchiv der Autoren

Impressum

 Erweiterte Neuauflage
W. Tümmels Buchdruckerei und Verlag GmbH & Co. KG
Gundelfinger Straße 20, 90451 Nürnberg,
Telefon 0911 64197-0, Telefax 0911 64197-10,
E-Mail: info@tuemmel.de
www.tuemmel.de

Fotografien: Herbert Liedel, Helmut Dollhopf

Gesamtherstellung:
W. Tümmels Buchdruckerei und Verlag GmbH & Co. KG

ISBN 978-3-940594-21-1

Schutzumschlag
vorne:
Sandsteinbrücke in der
Gartenstadt Nürnberg, 2008
hinten:
Eine Postkarte aus den 20er Jahren
zeigt die „Antonia" an der Anlegestelle
beim Gast- und Cafehaus
Peter Weigel in Kronach bei Fürth

Bild Seite 2/3:
Goldener Oktober an der Sandsteinbrücke
in der Nürnberger Gartenstadt, 2009

Bild Seite 4/5:
Neuschnee beim Dörlbacher Einschnitt, 1995

Bild Seite 6/7:
Obstbaumblüte bei Berching, 2009

Bild Seite 8/9:
Schleuse Nr. 70 bei Worzeldorf, 2010

Bild Seite 12/13:
Das Treidelschiff Elfriede bei
Schwarzenbach, 2010

Herbert Liedel · Helmut Dollhopf

Der Alte Kanal

Traum und Wirklichkeit

Mit Beiträgen von:
Kurt Endres
Jürgen Franzke
Klaus Schamberger

TÜMMEL

ELFRIEDE
ELFRIEDE

Inhalt

Vom Verschwinden und Vergessen

Herbert Liedel · Helmut Dollhopf

Noch ein letztes Mal schauen wir hinab ins Tal ... Von der ohne Bezug zur umgebenden Landschaft stehenden Fertigteilbrücke aus Stahlbeton, die über den Main-Donau-Kanal nach Ottmaring führt, hat man eine gute Übersicht. In den 80er Jahren waren wir oft an dieser Stelle, weil sich von der alten Holzbrücke nach beiden Seiten hin ein schöner Blick in das Tal, vor allem auf die kurz hintereinander liegenden Schleusen Nr. 18 und Nr. 19 des Ludwigskanals darbot. Als wir im Jahr 2010 wiederkamen, um vom selben Standpunkt aus eine aktuelle Aufnahme für eine Gegenüberstellung zu machen, gab es für uns nur noch eines: möglichst schnell weg von hier!

Unwiederbringliche Verluste

Wir empfanden es so, als hätte wie bei der Bedienung eines Laptops, ein leichter Fingerdruck auf die Tastatur, blitzschnell unsere im Gedächtnis gespeicherten inneren Bilder zum Verschwinden gebracht. Wohin wir auch schauten, der alte Ludwigskanal war wie vom Erdboden verschluckt, es gab ihn nicht mehr. Nur noch die Überreste der ehemaligen Schleuse Nr. 22 sind verborgen im Gebüsch zu entdecken, doch dazu bedarf es fast schon archäologischer Fähigkeiten. Von der ursprünglichen Landschaft blieb wenig übrig. Die Geradlinigkeit der 55 Meter breiten und vier Meter tiefen Wasserautobahn des Main-Donau-Kanals bestimmt den Charakter des Tales und erweckt den Eindruck lebloser Monotonie. Eine geradezu ernüchternde Gleichheit hat sich ausgebreitet. Der berechnende auf Nützlichkeit bedachte Geist der Geometrie hat das Leben im Tal durchdrungen. Wo es früher historisch gewachsene Eigentümlichkeit gab, herrscht jetzt die Gleichförmigkeit.

Zur Errichtung der neuen Schleuse am Ausgang des Ottmaringer Tals, die einen Höhenunterschied von 17 Metern zu bewältigen hat, waren gigantische Erdbewegungen notwendig. Das neue Kanalbett musste 25 Meter tief ausgegraben werden! Über das zerstörerische Werk der Bagger, die in ihrer sozusagen tätigen Unwissenheit Unmengen von Aushubmaterial an den südlich angrenzenden Hängen absetzten, ist in der Zwischenzeit Gras gewachsen. Der Bau neuer Straßen führte zwangsläufig zu enormen Landschaftsverbrauch und brachte den Lärm des Verkehrs in das abgelegene Tal. Entlang des mit pflegeleichtem Einheitsgrün bepflanzten Donau-Main-Kanals brausen jetzt die Verkehrsteilnehmer in ihren von Navigationsgeräten gesteuerten Autos durch das Tal, ohne zu ahnen, was hier unwiederbringlich verloren ging.

Wer das Bedürfnis verspürt, sich genauer zu informieren, wie durch dieses Großprojekt eine intakte Region verändert und zerstört wurde, dem sei unser Buch aus dem Jahr 1993 „Der alte

Kanal – Der neue Kanal, Landschaftsverluste im Altmühltal“ empfohlen. In zum Teil drastischen Gegenüberstellungen, die über Jahrzehnte hinweg entstanden sind, dokumentieren wir die Maßlosigkeit, mit der der Mensch die Natur seinen Zwecken unterordnet. Auf den Seiten 20 bis 25 befassen wir uns noch einmal mit dieser Thematik, weil wir es für wichtig halten, dass nicht vergessen wird, wie es nach 14 Jahren heute an einigen ausgewählten Orten aussieht, die exemplarisch für die vielen Zerstörungen im Ottmaringer- und im Altmühltal stehen.

All jenen fortschrittsgläubigen Zeitgenossen, frischwärts bewegten Ausflüglern und Radfahrern, die in den Sommermonaten massenhaft die ausgeräumten Täler bevölkern, sei je nach Stimmungslage zur Aufmunterung der etwas abgewandelte Text eines alten Schlagers in den Mund gelegt: „Leeres Land und die Erinnerung daran, dass es einmal schöner war.“

Mit seinen verwachsenen Ufern, den Schleusen mit Wärterhäuschen, fragilen Holzbrücken, wirkte der alte, nur 15 Meter breite Ludwigskanal in seiner Geradlinigkeit harmonisch dimensioniert. Er dominierte nicht die Landschaft, er erdrückte sie nicht, er trug vielmehr zur Kleinräumigkeit der Talaue bei. In der Abgeschiedenheit des Ottmaringer Tales konnte sich eine verträumte, geradezu romantische Idylle entwickeln, die auch Platz ließ für eine maßvolle Viehhaltung – nichts schien diese heile Welt zu stören!

Von alledem ist nun nichts mehr zu sehen und zu spüren, die Bagger haben ganze Arbeit geleistet, an der traumatischen Realität des Faktischen führt kein Weg mehr vorbei. Ähnlich einer alltäglichen Erfahrung von Gleichgültigkeit liegt heute ein bedrückendes, undefinierbares Verschwinden und Vergessen über dem entleerten Talraum. Um all das zu verdrängen, was wir in den letzten Jahrzehnten hier erlebt haben, müssten wir an Amnesie erkranken oder einen Ökopsychologen zu Rate ziehen. Auch der große deutsche Dichter der Romantik Joseph von Eichendorff, der 1981 in unserem ersten Kanalbuch zitiert wurde, kann uns nicht mehr weiterhelfen. Es schläft hier wirklich kein Lied mehr in allen Dingen, weil es kein Zauberwort mehr gibt, das all das unwiederbringlich Verlorene wieder zum Leben erwecken könnte, eher müsste man jetzt sagen: „Alte Zeiten, linde Trauer“.

Die Zerstörung der Natur hat eben nicht nur materielle Auswirkungen, sie trifft uns im Innersten unseres Wesens. Die Verdrängung der Naturverluste funktioniert nicht auf Dauer, weil unser Unterbewusstsein dabei nicht mehr mitmacht. Ein Bedürfnis nach Trost, eine Sehnsucht nach verloren gegangenen Plätzen, die eigentlich eine Art von Heimat waren, drängt sich ins Bewusstsein. Deshalb müssen wir all jenen verblendeten Technokraten Widerstand leisten, die unserer Heimat die Lebensadern abgraben und in ihr ausschließlich ein quantifizierbares Objekt der Nützlichkeit sehen. Unsere Heimat hat andere Werte, sie lebt nicht aus der Großstruktur, sondern aus der Fülle ihrer Einzelheiten. Heimat ist ein Wort der Einzahl, weil sie einmalig ist!

Als wir vor der Zerstörung hierher kamen, waren wir verliebt in die unberührte Schönheit dieses Tales mit seinen Altwasserarmen, Schilf- und Röhrichtzonen, Hahnenfußwiesen, seltenen Tier- und Pflanzenarten. In der Nähe eines hochrangigen Naturschutzgebietes, des fast vollkommen verschwundenen Kevenhüller Schilfgebietes, entstand ein Golfplatz mit all den üblichen touristischen Begleiterscheinungen.

Anstatt von Schmetterlingen und Libellen kann man jetzt im glatt gemähten Rasen verloren gegangene Golfbälle finden.

Zur Steigerung des Fremdenverkehrs im einst so stillen Tal, hätten wir einen Gewinn versprechenden Vorschlag für Investoren: wie wäre es denn mit der Errichtung eines „Öko-Funparks“ mit Anlegestelle für Ausflugsschiffe und Freizeitkapitäne. Für einen erlebnisreichen Zwischenstopp könnten entlang des abwechslungsarmen Abschnitts zwischen Dietfurt und Berching Beachpartys unter Plastikpalmen stattfinden. Gelangweilten Kids stünden Nautic-Jets, Jumping Stars und Power-Schwanbootfahrten zur Verfügung.

Es ist eine traurige Wahrheit, dass es auch uns bereits schwer fällt, sich Teile des verschwundenen Ludwigskanals vor Augen zu führen; alte Luftaufnahmen (Seiten 146 und 147) aus dem Jahr 1985 helfen uns, unser Gedächtnis aufzufrischen. Zu schnell entschwindet die Erinnerung, zu leicht werden somit Verluste verschmerzt oder in Kauf genommen, zu selbstverständlich werden Ersatzlösungen widerspruchslos als gegeben oder normal akzeptiert. Durch die Fotografie ist uns jedoch ein Mittel an die Hand gegeben, dem Vergessen Widerstand zu leisten.

Spurensuche und Spurensicherung

Ein wichtiges Anliegen unserer gemeinsamen Fotografie ist die Spurensicherung. Schon lange beschäftigen wir uns mit der Visualisierung zu Ende gegangener Zeitabschnitte, zerstörter oder verfallener Kulturgüter. Schauplätze gewesenen Lebens stehen im Mittelpunkt der Bildaussagen und sichtbar gemachte Indizien einer erhaltenswerten Welt werden zu fotografischen Augenblicken einer vergangenen Zeit. Unsere Spurensicherung mit der Kamera ist der Versuch, dem Wesen der Dinge über die gegenwärtige Aktualität hinaus näher zu kommen, um ihre Komplexität und Widersprüchlichkeit aufzuzeigen. Es sind vom Menschen geschaffene und vergessene Dinge, Relikte des Zerfalls und der Zerstörung, von der Technik überholte Industrieanlagen, Zeichen der Vergänglichkeit menschlichen Handelns.

Unsere Bilder vom Verfall des Ludwigskanals aus dem 19. Jahrhundert und seine Folgen sollen Gedanken anregen über die Entwicklung des technischen Fortschritts und seinen Preis. Gerade heute scheint es uns nötig, der Schnelllebigkeit unserer Zeit Bilder entgegenzusetzen, die gegen Unwissenheit und Vergessen ankämpfen. Nachdem wir uns über lange Zeiträume hinweg mit dem alten Kanal beschäftigt haben, zeigt sich in der Rückschau deutlich, dass fotografische Langzeitdokumentation aufschlussreich und aussagekräftig ist.

Sie ermöglicht es, sich mit dem einmal gewählten Thema intensiv auseinanderzusetzen und wesentlich tiefer in die jeweilige Materie einzudringen. Eine gewisse Affinität von Fotografie und Archäologie ist nicht von der Hand zu weisen, die sich allerdings nicht auf die entsprechenden Techniken bei der Arbeit bezieht, sondern auf eine gemeinsame, innere Einstellung.

Während der alte Kanal in den historischen Schwarz-Weiß-Bildern noch voller Leben ist, steht er in unseren Farbaufnahmen sozusagen still und außerhalb der Zeit. In unseren ausgeräumten Nutzlandschaften ist es beinahe als kleines Wunder zu bezeichnen, dass man am alten Kanal an bestimmten Stellen immer noch diese bezaubernde Harmonie von Natur- und Menschenwerk entdecken kann. Es entspricht unseren fotografischen Intentionen und unserer programmatischen Leitidee, diesem selten gewordenen, glücklichen Umstand vorrangig gerecht zu werden.

Vor über 30 Jahren hatten wir unsere erste wegweisende Begegnung mit dem alten Kanal. Ohne ihn wäre unser Werdegang als Fotografen bestimmt anders verlaufen! Es war Liebe auf den ersten Blick, die unser Herz gefangen nahm.

1981 entstand unser erster Bildband „Der alte Kanal – damals und heute", der in fünf Auflagen mittlerweile Kultstatus erreicht hat.

Je länger wir uns mit dem alten Kanal beschäftigten, umso mehr wuchs unsere Zuneigung. Der alte Kanal drängt sich nicht auf. Es scheint, als wenn er schon immer da gewesen wäre, doch sein Geheimnis gibt er auf den ersten Blick nicht preis. Wenn man ihm näher kommen will, muss man schon etwas Geduld mitbringen, nur dann stellt sich langsam, so ganz nebenbei, ein Gefühl ein, das sogenannte „Kanalgefühl". Wir lernten über die Jahreszeiten hinweg die Menschen am Kanal kennen, trafen Schleusenwärter und selbst den letzten Kapitän der legendären Schlagrahmdampfer, die in den Vorkriegsjahren von der Stadtgrenze Nürnbergs bis nach Fürth-Kronach fuhren, konnten wir noch ausfindig machen.

Fotografie gegen Vergessen

Im alten Kanal spiegelt sich die fränkische Seele und vielleicht zählen wir in einer Zeit, in der immer mehr virtuelle Ersatzwelten entstehen, zu den letzten Romantikern, die ihren Augen und ihren Sinnen mehr glauben wollen, als aller Technik und Theorie. Noch haben wir die Träume unserer fotografischen Anfangsjahre nicht vergessen und halten ihnen die Treue! Im Rückblick erscheinen die verlorenen Dinge am alten Kanal in einer schmerzhaften Schönheit, wie eine in Traurigkeit auftauchende Schönheit, in der Traum und Wirklichkeit zu einem fotografischen Idealbild verschmelzen. Bekanntermaßen sind Ideale brüchig und zu hinterfragen.

Die aufbrechenden Widersprüche zwischen einer zunehmend technifizierten entzauberten Lebensrealität und einem Ideal werden als nicht

Fotografie öffnet das Fenster zur Vergangenheit. Etwa die Hälfte des alten Kanals wurde durch Baumaßnahmen zerstört: Typisches Fenster des Schleusenwärterhauses Nr. 12 bei Mühlbach im Altmühltal.

mehr kompatibel empfunden. Es besteht die Gefahr, einem modernen Nihilismus zu verfallen, der alles in Frage stellt.

Deshalb bedarf es für uns der Fotografie als ästhetisches Hilfsmittel, um nicht in einer entzauberten Welt, die außer Automatismen und schematischen Prozessen wenig zu bieten hat, mangels Sinngebung zu resignieren.

Ob bewusst oder unbewusst, im fotografischen Tun offenbart sich ein verklausulierter Glaube und deshalb wollen wir es uns nicht nehmen lassen, zu denken, dass unsere Fotografien, die über Jahrzehnte hinweg am Kanal entstanden sind, nicht völlig der allgemeinen Vergessenheit anheim fallen.

Ökologie gegen Ökonomie

Es geht uns bei der fotografischen Spurensicherung und unseren Langzeitdokumentationen um die Suche nach einer verloren gegangenen kosmischen Harmonie der Dinge in einer aus den Fugen geratenen Welt, in der auch noch die letzten, intakten Naturreservate einer ökonomischen Verwertbarkeit unterworfen werden. Es scheint kein Zurück mehr zu geben trotz aller Beteuerungen einer menschengerechten Technik, eines humanen Fortschritts. Grundsätzlich stellt sich die Frage, ob es berechtigt und zu verantworten ist, die Wirtschaftlichkeit eines Großprojekts gegen den ökologischen Umbau eines ganzen Landstrichs aufzurechnen.

Dass kein Umdenken stattfindet, beweisen die seit Jahrzehnten permanent aufrechterhaltenen Planspiele, den Donauausbau zwischen Straubing und Vilshofen rigoros und gegen alle Bedenken und Proteste durchzusetzen.

Noch immer hat man nicht erkannt, dass die Zerstörung der letzten Auwälder in Deutschland mitverantwortlich wäre für die Folgen, die die Klimaveränderung mit all ihren Katastrophenszenarien verursachen. Was muss eigentlich noch alles geschehen, dass angesichts von Flutkatastrophen, Wirbelstürmen, ölverseuchten Meeren und Waldbränden der Mensch zur Vernunft kommt? Die heutige unverantwortliche und auf kurzfristige Gewinnmaximierung ausgerichtete Politik werden zukünftige Generationen verfluchen, denn sie müssen die allgegenwärtigen Umweltsünden ausbaden.

Der Main-Donau-Kanal oder zukunftsweisend völkerverbindend Europa-Kanal genannt, war von Anfang an ein äußerst fragwürdiges Projekt, das gegen den starken Widerstand der Bevölkerung rücksichtslos durchgezogen wurde. Bis heute, und das sind immerhin 18 Jahre, konnte der großmundig erwartete Gewinn in der Binnenschifffahrt nicht erzielt werden. Wie es weitergeht, bleibt ungewiss, was aber allein durch den Verlust an wertvoller Landschaft verschwunden ist, weiß man sehr wohl. Der Preis wird letztendlich zu hoch sein. Von einer Gesellschaft des vermeintlichen Fortschritts entwickeln wir uns unaufhaltsam zu einer Gesellschaft des Verschwindens.

Im selben Maße, wie sich die technische Zivilisation am Leben erhält, zerstört sie die Bedingungen ihrer Existenz!

Der alte Kanal verkörpert in unserer Fotografie die ästhetische Utopie einer Versöhnung von Natur und Menschenwerk. Der Fotografie fällt dabei die Aufgabe zu, unseren Hoffnungen und Wünschen Ausdruck zu verleihen, indem wir Sinnbilder einer vergessenen Zeit erschaffen, in der es noch ein Bedürfnis war, ökonomischen Nutzen mit der Welt des Schönen zu verbinden. Ein Blick auf vergangene Epochen führt uns vor Augen, dass Utopien eine Form der Kritik an bestehenden Verhältnissen beinhalten und sehr wohl die Vorwegnahme neuer gesellschaftlicher Möglichkeiten bedeuten können.

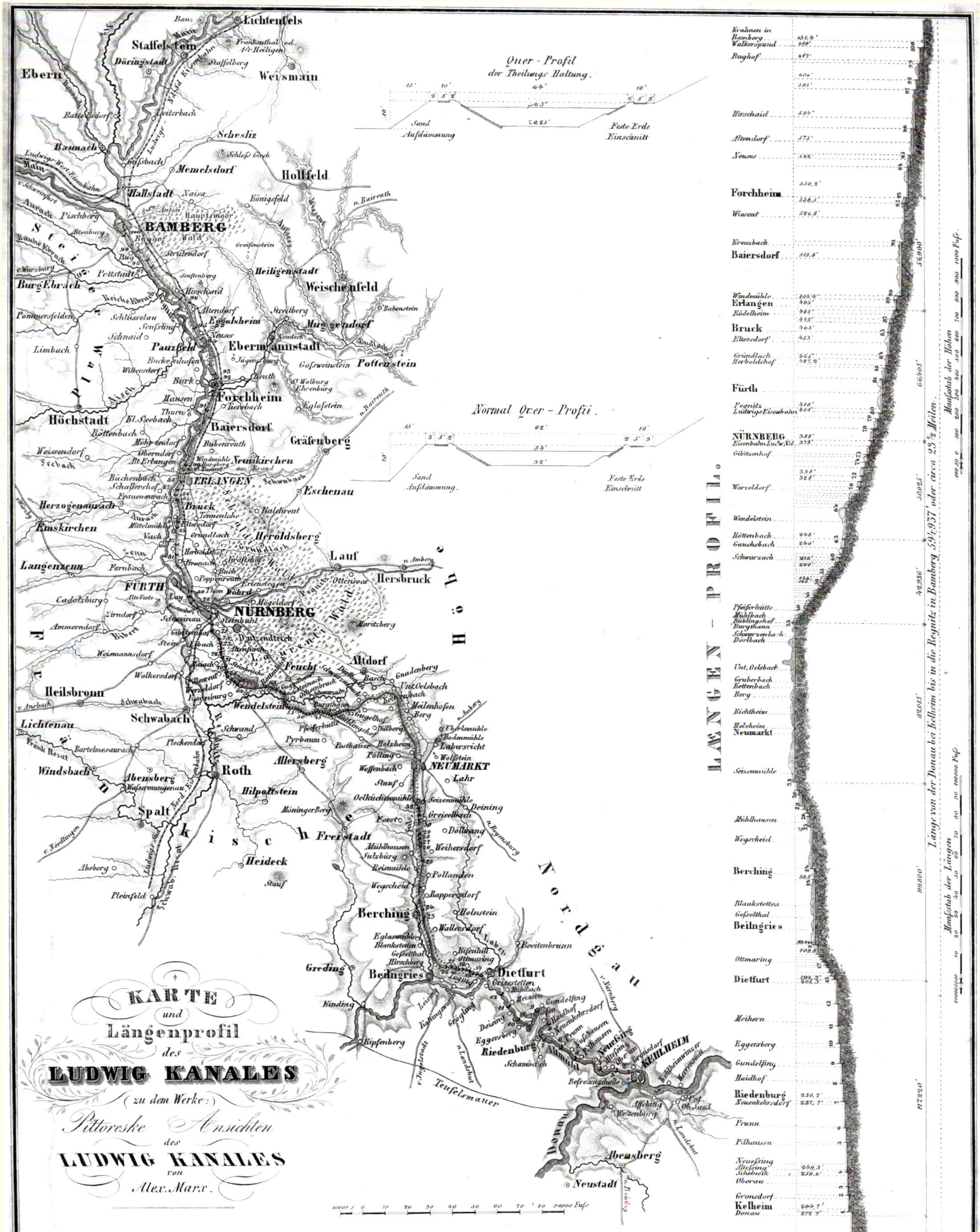

Entnommen aus: *Pittoreske Ansichten des Ludwig-Donau-Main-Kanals von Alexander Marx, 1845*

Schleuse Nr. 6 bei Schloss Prunn

1977

1983

2010

Zerstörte Abschnitte des Ludwigskanals

Durch den Bau des Main-Donau-Kanals wurden im Altmühltal und Ottmaringer Tal von Beilngries bis Kelheim wesentliche Teile der Landschaft und des alten Kanals zerstört.
Anhand von sechs Beispielen werden Veränderungen an markanten Stellen in direkten Gegenüberstellungen aus einem Zeitraum von über 30 Jahren gezeigt.

Blick auf Riedenburg von der Ruine Tachenstein

1979

1992

2010

Blick von der Ruine Ober-eggersberg auf die Schleuse Nr. 10

1981

1989

2010

Schleuse Nr. 13 bei Dietfurt an der Einmündung in die Altmühl

1986

1990

2009

Schleuse Nr. 17 im Ottmaringer Tal

1984

1989

2010

Blick von der Brücke bei Ottmaring nach Westen auf die Schleusen Nr. 18 und Nr. 19

1986

1990

2009

Lebenslinien einer Wasserstrasse

Kurt Endres

Der uralte Traum aller europäischen Herrscher: ein Wasserweg als Verbindung von Nordsee und Schwarzem Meer. Die Gründe für die Überwindung der europäischen Hauptwasserscheide zwischen Rhein und Donau waren nicht immer wirtschaftlicher Art. Wirtschafts- und Stammesräume sollten zusammenwachsen, politische Einheiten gefestigt werden, militärische und strategische Gesichtspunkte spielten eine Rolle, aber auch Prestigedenken der handelnden Personen. Es war und ist nicht immer einfach, die gerade dominierenden, für den Bau des jeweiligen Kanals maßgebenden Überlegungen auseinanderzuhalten.

In der Ortschaft Graben bei Treuchtlingen feiert man seit dem Frühjahr 1993 den zwölfhundertsten Jahrestag der „Fossa Carolina", des ersten nachgewiesenen Versuchs, eine Kerbe in die Wasserscheide zu schlagen. Und der Platz war gut gewählt: tektonische Spielchen in der Erdkruste sorgten schon seit geologischen Zeiträumen dafür, dass gerade zwischen Quellbereich der Schwäbischen Rezat und dem Tal der Altmühl vom vormaligen Urmain gerade mal ein Höhenunterschied von zehn Metern zu bewältigen wäre.

So lässt denn 793 n. Chr. Karl der Große, der mächtige Herrscher des Frankenreiches, bis zu fünftausend Arbeiter antreten, um mit - aus heutiger Sicht - primitiven Gerätschaften den Graben zwischen den heutigen Ortschaften Treuchtlingen und Dietfurt auszuheben. Einfache Hacken und Schaufeln gegen eine immer wieder nachgebende Böschung, malariaverseuchte Sümpfe, Planungsfehler und dazu die permanente Kriegsgefahr im Süden des Reiches: ein auf seine ganze Länge wassergefüllter Schifffahrtsweg kam nie zustande. Immerhin gilt es unter Forschern als erwiesen, das die restlichen noch fehlenden Höhenmeter von den flachen Nachen mit Rutschen bewältigt werden konnten, eine zur damaligen Zeit durchaus übliche Technik.

Aber die Idee lebte fort, und so tauchen in den folgenden Jahrhunderten immer wieder Pläne für eine Vollendung der Rezat-Altmühl-Lösung auf. Es häufen sich zu Beginn des 19. Jahrhunderts die Vorschläge, z.T. in sehr detaillierten Kostenaufstellungen und Trassenführungen. Schließlich haben es die europäischen Nachbarn in Frankreich und dem industriellen Pionierland England vorgemacht. Mitunter wurden alle Tiefenlinien, welche die tektonischen Hebungen und Senkungen im Süddeutschen Schichtstufenland vorgezeichnet hatten, bemüht: natürlich die klassische Fossa-Lösung, aber auch eine Pegnitz-Variante über Hersbruck, Alfeld und Schmidmühlen wurde ernsthaft erwogen. Dann eine Trasse ausschließlich mit Flüssen: entlang des Nürnberger Landgrabens, Fischbach, Gauchsbach, Schwarzach und ab Neumarkt nach Süden zur Sulz.

Realisierung einer Idee

Seit 1818 befasste sich Freiherr von Pechmann in seiner Eigenschaft als königlicher Baurat mit dem Kanalprojekt. Die von ihm gewählte Streckenführung entspricht zwar der später ausgeführten, blieb jedoch nicht unwidersprochen. Sowohl der Verlauf, als auch Abmessungen und Einzelheiten der technischen Ausführung standen in der Kritik. Zudem zeichnete sich bereits die drohende Konkurrenz der Eisenbahn ab. Aber nach Sicherstellung der Finanzierung durch eine neugegründete Aktiengesellschaft konnte 1836 endlich mit dem Bau des zu Ehren des Bayerischen Königs „Ludwig-Donau-Main-Kanal" genannten Bauwerks begonnen werden.

Nach zehn Jahren Bauzeit, in denen bis zu 9000 Arbeiter gleichzeitig beschäftigt waren, war der Kanal fertiggestellt und in seiner vollen Länge befahrbar. Herausgekommen ist dabei ein von Bamberg bis Kelheim 172 Kilometer langer, nur von wenigen Flussabschnitten unterbrochener Stillwasserkanal, der mittels genau 100 Schleusen über die Wasserscheide der fränkischen Voralb klettert. Nirgendwo wurde den Ingenieuren so viel an Sachverstand und Handwerkskunst abverlangt wie zwischen Nürnberg und Neumarkt. Deswegen sollen gerade aus diesem Abschnitt Probleme und Geschichten exemplarisch für die ganze Kanalstrecke dargestellt werden.

Ein geborener Verlierer?

Wie misst man den Erfolg eines Kanals? Die Geschichte sieht in ihm sicherlich ein Symbol des nationalstaatlichen Zusammenwachsens, wenn durch das Überwinden der Wasserschei-

Kanalhafen bei Nürnberg, im Hintergrund die Luwigseisenbahn, Stahlstich von J. Riegel, 1845.

de ein stärkeres Bindeglied zwischen Süd- und Westdeutschland entstanden ist. Aber abseits der politischen Ideologie war der wirtschaftliche Erfolg des Kanals eher gering einzuschätzen und auch überraschend bald erschöpft.

Denn schon bei Baubeginn schien es klar, dass die neumodischen eisernen Schienenwege, seit 1835 im bayerischen Raum entstanden und in der Folgezeit ständig ausgebaut, mit ihrem Netz und den vielfältigen Einsatzmöglichkeiten, sowie der überlegenen Schnelligkeit im Güter- und Personentransport dem Ludwigskanal keine Chance ließen. Und als in den sechziger Jahren des 19. Jahrhunderts das Eisenbahnnetz weitgehend vollständig war, reichten Liege-, Stapel- und Benutzungsgebühren bei weitem nicht mehr aus, um die Verluste, die durch die Unterhaltskosten entstanden waren, zu decken.

Der Antrieb durch Schiffsschrauben war erst gegen Ende des Jahrhunderts möglich und die bis dahin gebräuchliche Vortriebskraft der Treidelpferde konnte mit der rasanten Entwicklung der PS-Stärken von eisernen Rössern niemals konkurrieren. Wenn also anfangs noch der Umschlag von Holz und Massengütern Erfolg versprach, so blieb bis zum Ende des 2. Weltkriegs nur noch eine verblassende romantische Vorstellung einer Kanalfahrt mit einem der Ausflugsdampfer zu einer der zahlreichen Kuchen und Kaffee versprechenden Gaststätten, einem „Schlagrahmdampfer“ eben.

Andere Herren, neue Dimensionen

Weitgehend unbekannt ist ein weiterer Versuch, eine Großschifffahrtsstraße zwischen Main und Donau zu errichten, die sogenannte „Mindorfer Linie“. In der Nachfolge von Kaiser und König versuchten sich Adolf Hitler und seine Baumeister an dieser Aufgabe. Die Spuren, die die ersten Baumaßnahmen in der Landschaft noch heute dokumentieren, sind allerdings nur für einen aufmerksamen Beobachter erkennbar.

So finden sich auf einer Linie zwischen Hilpoltstein, Pyras, Mindorf bis Freystadt eine Fülle von mehr oder weniger auffälligen Baurelikten, die alles das beschreiben, was zu einen beabsichtigten Kanalbau gehört:

- Reste eines großen Umladebahnhofs (per Kran von der „Gretl“ auf bis zu 13 Lorengleisen),
- Abraumhalden und jüngere Baumstreifen als Indikatoren für die ehemaligen Gleisanlagen im Wald,
- mächtige Steine für die befestigten Ufer eines künftigen Kanalbetts,
- gewaltige Steinfundamente für einen Brückenschlag bei Pyras,
- ein vollständig gefluteter Probekanal bei Mindorf,

und auch das Betriebswasser an der möglichen Scheitelhaltung war im Kauerlacher Weiher schon bereitgestellt.

Nur noch wenige Zeitzeugen des Kanalbaus während der 40er Jahre des letzten Jahrhunderts können oder auch wollen sich erinnern an die hektische Bautätigkeit, an Zwangsarbeiter in den Baracken, an deren heimliche Versorgung durch Bewohner der umliegenden Bauernhöfe in den frühen Kriegsjahren.

Die Möglichkeiten einer fortgeschrittenen Technik schienen einen weiteren Versuch zu erzwingen. Fast genau der gleichen Trassenführung des „Hitler-Kanals“ folgend, lediglich nördlich statt südlich von Hilpoltstein verlaufend, erreicht die Wasserautobahn der Main-Donau-AG ebenfalls bei 406 Metern Meereshöhe ihren Scheitelpunkt. Als ein Kind der 70er Jahre, erste Geburtswehen in den 20ern und kontrovers diskutiert in den 60er Jahren, ist der neue Kanal mit der Eröffnung 1992 lebensfähig.

Bereits zwanzig Jahre vorher hatte der Kanal von Norden her Nürnberg erreicht. Mit der Fertigstellung des Hafens im Zentrum der Metropolregion Franken, Schnittstelle der mittelfränkischen Wirtschaft wird gleichzeitig der einheitliche Konsens aller politischen und ökologischen Entscheidungsträger beendet. Es beginnt ein lange währender und noch immer schwelender Konflikt zwischen wirtschaftlicher Notwendigkeit und zerstörerischem Landschaftsumbau.

Aber nicht nur aus der Ecke der Umweltschützer kommt Kritik: kaum fertiggestellt erscheint der neue Europakanal Fachleuten aus Technik und Wirtschaft als zu klein, da die künftigen Schubverbände im harmonisierten Europa länger, demnach die Kurven der Trassenführung zu eng seien und selbst die enormen Dimensionen der Schleusen gesprengt würden. Probleme, denen sich der alte Ludwigskanal nicht stellen musste.

Angepasste Technik am Ludwigskanal

Verglichen mit dem Europakanal der Main-Donau-AG präsentiert sich der Ludwigskanal in seinen Abmessungen äußerst bescheiden. Zwar muss auch er von Meereshöhe 230 in Bamberg über die Voralb (417 gegen 406 des neuen Kanals) klettern, um dann auf 338 Metern bei Kelheim die Donau zu erreichen; auch seine Länge ist mit 172 Kilometern identisch. Doch braucht der Ludwigskanal für die Kletterpartie genau 100 Schleusen, während die Großschifffahrtsstraße mit elf Schleusen und drei Hebewerken auskommt.

Spätestens bei Betrachtung der Schleusen, der „Treppen für Schiffe", stocken alle Vergleiche. Mit der Länge von 32,5 Metern und 4,75 Metern Breite nimmt sich eine Schleuse des alten Kanals gegenüber ihrem Nachfolger wie eine Miniatur aus. Dafür erscheint er wie eingepasst in die natürlichen Tiefenlinien, und seit seiner Stilllegung holt sich die Natur sogar von der Technik stückweise ihr Recht zurück: eingewachsen mit altem Baumbestand, schilfbestandene Ufer, durch Schlick aufgehöhter Kanalgrund. Besonders reizvoll sind die Ensembles an den Schleusen mit den standardisierten Klenze-Häuschen, vom renommierten Berliner Baumeister genauso genial wie einfach ausgeführt, mit kleinem Garten, Obstbäumen – eben Schmuckstücke in der fränkischen Landschaft.

Nicht nur die Aufrechterhaltung der Schifffahrt oblag den Schleusenwärtern, sie mussten sich auch um die Pflege der Obst-, meist Apfelbäume kümmern. Nur wenige dieser Bäume sind noch übrig; schnellwüchsige Pappeln und anspruchslose Kiefern haben längst deren Platz eingenommen.

Der Schleusenwärter hatte mehrere dieser Schleusen zu bedienen, und der Dienst wurde durch die Handarbeit an der schwer gängigen Zahnstangenmechanik auch nicht gerade leichter. Einfacher hat es da schon der Radfahrer unserer Tage, wenn er auf den Treidelpfaden die sich in rascher Folge staffelnden Schleusen erklimmt. Hat er aber von Nürnberg kommend in südöstlicher Richtung die Höhendifferenz von knapp 100 Metern geschafft, wartet als Belohnung die Scheitelhaltung zwischen Pfeifferhütte um den Dillberg bis nach Neumarkt auf ihn: ein 25 Kilometer langer, brettebener Radweg über Dämme und Einschnitte hoch über dem Schwarzachtal, ein besonderes Freizeitvergnügen.

Die Tücken eines Stillwasserkanals

Hier, an der höchsten Stelle des Kanals, musste auch eines der größten technischen Probleme für den Ludwigskanal gelöst werden: die Bereitstellung von ausreichend Betriebswasser für die Schleusen. Denn schließlich gingen bei jeder Öffnung der Schleusentore talwärts auf Nord- und Südrampe Hunderte von Kubikmetern Wasser im Wortsinn den Bach runter. Hundertfünfzig Jahre später lässt am Europakanal die Technik der Sparschleusen ein besseres Haushalten zu. Aber damals, woher das Wasser nehmen?

Vom Dillberg kommend liefern einige Leitgräben (z.B. Ketten- und Gruberbach) ihr Wasser ab, bei Feucht ist es der Gauchsbach, der mit einer Ableitung das Kanalwasser ergänzte. Als Hauptzubringer spendet die Schwarzach/Pilsach-Einleitung Wasser im Bereich des Neumarkter Hafens. Doch war die chronische Wasserknappheit vor allem in Trockenjahren ein ständiges Ärgernis, musste doch deswegen der nicht eben große Tiefgang der Kähne noch mehr verringert werden, und das hieß natürlich auf noch mehr gewinnbringende Fracht verzichten zu müssen.

Bei einer Wasserspiegelbreite von 15,80 Metern und einer Niedrigwassertiefe von mindestens 1,46 Metern ließ der Stillwasserkanal zwar nur schmale Schiffe zu, erlaubte ihnen jedoch einen vergleichsweise großen Tiefgang. Und es hätte vielleicht auch mit der Wirtschaftlichkeit des Ludwigskanals besser geklappt, hätten Main und Donau ebenfalls bei Niedrigwasser mindestens eineinhalb Meter Tiefgang erlaubt. Dort aber betrug die mittlere Wassertiefe gerade einmal siebzig Zentimeter, dafür durften beide Flüsse von flachen, aber breiteren Schiffen benutzt werden. Eine Vertiefung der Fahrrinne scheiterte an den damals zu hohen Kosten (genauso wie heute an den Einsprüchen der Naturschützer), und so war der Ludwigskanal hoffnungslos eingezwickt in ein unvereinbares Verkehrssystem. Kosten- und zeitintensives Umladen an den Schnittstellen war unumgänglich.

Die Schleuse bei Riedenburg mit dem Einfluss der Altmühl in den Kanal, Stahlstich von Alexander Marx, 1845.

Bau und Transport

Angesichts der komplizierten Streckenführung war der Bau des Ludwigskanals eine Meisterleistung. Neben den hundert Kammerschleusen mit Hubhöhe zwischen einem halben und vier Metern waren insgesamt zehn Brückkanäle und 125 Über- und Unterführungen notwendig. Gerade im Nahbereich Nürnbergs führte man die Bogenbrücken in schmuckem Sandstein aus: italienische Kunstfertigkeit war hier gefragt. Im Bereich der Scheitelhaltung, immerhin 24 Kilometer lang, und an der Südrampe wählte man Fachwerkkonstruktionen. Der Kanal wurde, wenn notwendig, auf bis zu 32 Metern hohe Dämme gelegt oder in bis zu zwanzig Meter tiefen Einschnitten versteckt.

Sechs Kanalhäfen, ausgestattet mit Drehkränen aus den Werkstätten des Nürnberger Mechanikers Wilhelm Spaeth, vermittelten den Weitertransport der Güter über Land. Gelegentliche Ausweitungen erlaubten Überhol- und Wendemanöver, boten aber auch die Möglichkeit, in der Dämmerung vor Anker zu gehen.

Bereits vor der eigentlichen Einweihung am 15. Juli 1846 passierten erste Fracht- und Passagierschiffe, natürlich fahnengeschmückt, die bis dahin fertiggestellten Kanalabschnitte. Bis zur Jahrhundertwende zogen in der Regel Pferde die behäbigen Schiffe, „Treideln" also war angesagt. Um den Hufen in dem oft schlammigen Untergrund Halt zu geben, wurden die beidseitigen Uferwege mit groben Sandsteinquadern gefestigt, ein wahrhaftiger Graus für die Leichtlauffahrräder unserer Tage!

Schiffsschrauben lösen um die Jahrhundertwende die Treidelpferde und ihre Führer ab. Sehr viel schneller wurden die Schiffe dennoch nicht, allein wegen des entstehenden Wellenschlags an den empfindlichen Böschungen. Flachboote der Kriegsmarine des Dritten Reiches waren die letzten Schiffe, die den Kanal auf ihrem Weg zwischen Wien und Wilhelmshaven passierten.

Rohstoff Stein

Wie die Siedlungen an den neu entstandenen Bahnlinien profitierten auch die Orte entlang des Ludwigskanals von den neuen Verdienstmöglichkeiten, insbesondere dann, wenn sie mit dem Bau des Wasserwegs selbst Arbeitsplätze hinzugewonnen haben. Ein Beispiel für diese Entwicklung liegt im Süden Nürnbergs: Worzeldorf, einst ein Reihendorf, dessen wenige Bauernhöfe beiderseits einer der wichtigsten Handelsstraßen von Franken nach Italien lagen.

Schon seit Jahrhunderten bricht man im Lorenzer Reichswald zwischen dem „Steinbrüchlein" (den offiziellen Namen „Langenlohe" kennt kaum noch jemand) und Worzeldorf, heute ein Ortsteil Nürnbergs, Steine aus dem Kornberg. Der „Wendelsteiner Quarzit" war weithin als Baustein gerühmt: noch im Mittelalter wurden von dort Mühlsteine auf der Donau bis in die Balkanländer exportiert. In Nürnberg selbst finden sich Quader aus Worzeldorf in Grabsteinen des Rochus- und Johannisfriedhofs wieder, ebenso an Opernhaus und Gerichtsgebäuden.

Ein Dorf erwacht

Der Kanalbau brachte nun den Steinbrüchen am Worzeldorfer Berg und am Glasersberg neuen Aufschwung. Die Schleuse bei Worzeldorf wurde allerdings nicht aus dem Material der Steinbrüche, sondern aus den Resten der Pillenreuther Klostermauern erbaut. So folgt man auch im Nürnberger Süden, wie nach der Säkularisation üblich, dem allgemeinen Brauch, Kirchen-, Burg- und Klosterruinen als bequemen Steinbruch zu missbrauchen.

So kehrt also mit dem Ludwigskanal Leben in das verschlafene Nest Worzeldorf ein. Zunächst schuf die Vielzahl von Schleusen, die – wie oben erwähnt – für den Abschnitt von Nürnberg über Wendelstein und Röthenbach/St.Wolfgang nach Pfeifferhütte nötig waren, massenhaft Arbeitplätze. Das verdiente Geld konnte dann auch umgehend wieder in den Schenken wie der am Steinbrüchlein oder auch in Worzeldorf selbst ausgegeben werden.

Zwischen dem Stubensandstein (zum samstäglichen Blankscheuern der guten Stube) und dem darüber liegenden Burgsandstein ist mancherorts eine rote Lettenschicht eingelagert, deren Tone sich ausgezeichnet als Rohmaterial für das Brennen von Ziegeln eignen. Da nun mit dem Kanal ein kostengünstiger Weg für den Abtransport der mittlerweile als Baumaterial in Mode gekommenen Ziegel zur Verfügung stand, ist das Entstehen einer florierenden Ziegelei in Worzeldorf nur eine logische Folge.

Allerdings brachte der Erste Weltkrieg den Betrieb der Ziegelei zum Erliegen. Dagegen wird im Hohlsteinbruch des Worzeldorfer Bergs heute noch Sandstein gebrochen, allerdings aus ökologischen Gründen nur noch in geringem Ausmaß zu Ausbesserungsarbeiten an historischen Bauwerken.

Immerhin hat sich der wirtschaftliche Aufschwung Worzeldorfs auch in seinen Einwohnerzahlen niedergeschlagen. Waren es um 1800 gerade einmal hundert Einwohner, so stieg deren Zahl über dreihundert im Jahr 1872. Mit der erstarkenden Metropole Nürnberg sank zwar nach Wegzug die Einwohnerzahl auf etwa die Hälfte, doch der Siedlungsbau seit 1930 brachte neuen, stetigen Aufschwung. Seit 1972 zu Nürnberg gehörend umfasst Worzeldorf heute knapp 2000 Einwohner und die Planungen der Stadtväter lassen auf Grund neuer Siedlungsvorhaben einen weiteren gewaltigen Zuzug erahnen.

Am Brückkanal

Wirtschaftlicher Erfolg einmal ganz anders: Szenenwechsel ein paar Schleusen bergauf. Die Gegensätze könnten dort gewaltiger nicht sein: teils lärmende Fröhlichkeit erzeugt von tausend durstigen Radlern, die möglichst alle auf einmal ihren Hunger mit Bratwürsten stillen müssen, teils atemlose Stille in einem hohen und filigranen Gewölbe, einer Stille, die durch das Geräusch eines fallenden Wassertropfens eher verstärkt, denn gestört wird.

Der Eindringling steht in einer unterirdischen Halle. Die Wände, nach oben zu Spitzbögen verjüngt, aus massivem Sandstein und grob verputzt tragen die Spuren von durchgesickertem Schlamm, Krusten aus weißen Kalksintern. Ausladende Treppenstufen führen aus einem Gang hinab in den von wenigen Lampen nur spärlich beleuchteten Hauptraum. Gäbe es noch Orgel und Altar könnten wir uns in einer gotischen Kapelle wähnen …

Kaum einer der gestressten Autofahrer an der A9-Raststätte wird ahnen, dass nur wenige Meter entfernt eines der bedeutendsten Technikdenkmäler Bayerns zu finden ist: das Gewölbe der verborgenen Halle trägt mit ihrer Längsachse den Ludwigskanal und hilft ihm über die Schwarzach hinweg. Insgesamt 90 Meter lang ist die Querung der Schwarzach, eine dreiteilige Konstruktion bestehend aus einem in den Sandstein getriebenen kleineren Hohlraum auf der Nordseite, dem eigentlichen Bogenabschnitt über den Fluss mit dreizehn Metern Höhe und vierzehn Metern Breite, und schließlich die erwähnte Spitzbogenhalle von zwanzig Metern Länge und einer lichten Höhe von zwölf Metern.

Ursprünglich waren die beiden Hohlräume zu beiden Seiten der Brücke unter den Wassermassen des Kanals gar nicht vorgesehen, und tatsächlich wurde der Übergang 1839/40 gemäß den Plänen des Kanalbauers Freiherr von Pechmann ohne die beiden Gewölbe ausgeführt. Doch genau das führte zur Katastrophe: 1843 zeugten Risse von dem auseinandergetriebenen Fundament und Unterspülung der Aufschüttungen an den beidseitigen Grundfesten bedrohten das Bauwerk.

Auch eine sofortige Reparatur brachte keine Besserung, so dass 1844 die unfachmännische Brückenkonstruktion abgebrochen werden musste. Im gleichen Jahr wurde das Bauwerk, jetzt auf einer verbesserten Pfahlkonstruktion und mit den eingezogenen Hohlräumen neu errichtet. Nicht nur diese Pleite verdoppelte die Baukosten des Kanals auf 17 Millionen Gulden, so dass möglicherweise mit dem Einsturz des Brückkanals auch Freiherr von Pechmann strauchelte, der bald darauf von seinen Aufgaben entbunden wurde.

Im Allgemeinen ist es den vielen tausend Ausflüglern, die hier mit Rad oder zu Fuß den Brückkanal besuchen, verwehrt, in das Innere der Brückenkonstruktion zu gelangen. Schon der in den Sandstein gehauene Gang zur kleineren, der Wirtschaft zugewandten Höhle auf dem Nordufer ist nicht gleich zu entdecken. Man muss schon sehr genau hinsehen, um die eisernen Tore an den im massiven Sandstein verankerten Brückenpfeilern entdecken zu können. Zu spektakulär ragt der Rundbogen über die Sohle der Schwarzach hinaus und nimmt den Blick des Besuchers gefangen.

Zum Erhalt verpflichtet

Der nach Westen gewandte Eingang zur Spitzbogenhalle ist schon auf einem Stahlstich von Alexander Marx dargestellt, und dieser war es auch, der zusammen mit Friedrich Schultheis das Bauwerk als den „Glanzpunkt aller Kunstbauten des Ludwigskanals" bezeichnet hat. Die Kanalbrücke über die Schwarzach steht nun schon mehr als eineinhalb Jahrhunderte ohne bedeutsame Korrekturen oder Reparaturen.

Freilich wurden Teile der gesamten Konstruktion neu abgedichtet und das Äußere vom Bewuchs befreit. Und in jedem Winter wird im Kanalbett das Eis gebrochen, um den Druck von den ohne besondere Dichtungen errichteten Fugen an den Brückenwänden zu nehmen.

Im Übrigen war das Ganze italienische Wertarbeit, ausgeführt von Steinmetzen aus Norditalien, deren Handwerkskunst ja schon seit Jahrhunderten gerade im süddeutschen Raum einen hervorragenden Ruf genoss. Das Rohmaterial, die Sandsteinblöcke lieferten die nahen Steinbrüche, als Fugenmaterial dient ein Gemenge aus Sandsteinmehl und Kalk.

Wahrhaftig eine technische Meisterleistung, deren Erfolg Mut machte zu weiteren derartigen Brückenbauten entlang des Kanals, beispielsweise nur wenige Meter weiter Richtung Röthenbach/St.Wolfgang, wo der kleinere Bruder des Brückkanals nahe dem Kugelhammer über den Gauchsbach führt.

Am Dörlbacher Einschnitt

Gleich hinter Pfeifferhütte hat der Kanal seine maximale Meereshöhe erreicht und folgt in der Scheitelhaltung auf 417 Metern über Normalnull auf gleich bleibendem Niveau den Höhenlinien. Sein gezackter Verlauf wird ihm von den Ausläufern des Dillbergs vorgegeben: abwechslungsreiche und technisch anspruchsvolle Passagen gestalteten die Kanal-Ingenieure entweder mit Dämmen oder mit Durchbrüchen.

Im Dörlbacher Einschnitt zwischen Schwarzenbruck und Rasch nimmt der Kanal gewissermaßen den Kopf zwischen die eingezogenen Schultern und bricht durch das anstehende Gestein. Der Aushub landete auf den nördlich angrenzenden Ackerflächen, jenseits der bewaldeten Böschung, die heute vom Wasserwirtschaftsamt gepflegt, auch gelegentlich abgeholzt wird, um Rutschungen zu vermeiden.

Bei Marx und Schultheis ist recht anschaulich beschrieben, wie schwierig die technische Ausführung des Einschnitts war, aber auch, wie clever die Aufgabe von dem erfahrenen Mechanicus Wilhelm Spaeth aus Nürnberg gelöst wurde, demselben Wilhelm Spaeth, der am Dutzendteich die gleichnamige Maschinenfabrik gegründet hatte, einem Pionier der Dampfkraft in Franken, der sich seit 1838 unter anderem auch an der Konstruktion von Schleusen beteiligte.

Der Teil, welcher durch hartes Kalkgestein gegraben werden musste, wurde mit großen Mengen Pulvers freigesprengt. Für den weicheren, den westlichen Abschnitt ersann Spaeth eine Art Bagger, angetrieben von einer Dampfmaschine, der stückweise vorgerückt wurde und das ausgegrabene Kanalbett hinter sich zurückließ.

Kasernierung

Ohne die Kanalarbeiter unterschiedlicher Nationalitäten wären die technischen Herausforderungen nicht zu meistern gewesen. Untergebracht waren sie in einer Kaserne, später als Gehöft, heute zum Wohnhaus umgebaut, gelegen am Rande des Kanals, wenige Meter abseits der Straße nach Rasch. Die ortsansässige Bevölkerung war ganz und gar nicht begeistert von der Anwesenheit mehrerer hundert Arbeiter, die in Haufen über die benachbarten Wirtschaften herfielen, und so manches böses Wort vom Verfall der Sitten machte die Runde.

Die noch zur Gemeinde Grub gehörende Kaserne gelangte um 1900 an die Familie Kurz und wurde seither als landwirtschaftliches Anwesen geführt. Viel gab der Hof nicht her: der Acker längs des Kanals, etwas Hopfen und ein paar Kühe. Für die Kinder aber bedeutete die Nähe zum Kanal etwas ganz Besonderes. Hier konnte man früher noch schwimmen, tauchen, Flöße bauen, sie waren „Kinder des Kanals“, mit Erfahrungen aufgewachsen, wie sie von vielen Kindern entlang der ganzen Kanalstrecke geteilt wurden.

Der Distellochdamm

Der Schrecken des Dammbruchs am Europakanal im Jahr 1979, als in Katzwang ein Todesopfer und Schäden in Millionenhöhe zu beklagen waren, hat das Vertrauen der Anrainer in die Haltbarkeit von Dämmen nachhaltig beschädigt. Zu wach ist die Erinnerung, als binnen weniger Minuten die braune Flut durch den Ort raste und eine Spur der Verwüstung hinter sich ließ.

Dämme waren auch beim Bau des Ludwigskanals ein Thema, und zwar überall dort, wo Täler und Schluchten zu breit für eine Brückenkonstruktion erschienen; Gruber- und Kettenbachtal sowie der Distellochdamm seien als Beispiele angeführt. Und Rutschungen, auch Dammbrüche blieben in der Bauphase nicht aus, so beim Gauchsbach-Brückkanal 1844 und bei Bamberg 1845. Jedoch hatten diese Ereignisse nicht die schwerwiegenden Folgen, nicht die Schäden die gewaltigen Ausmaße, wie sie durch die völlig andere Dimension des Main-Donau-Kanals verursacht wurden.

Der Distellochdamm überquert die Distelbachschlucht, auch Distelloch genannt. Der aufgeführte Damm stellt in der Reihe von notwendig gewordenen Dämmen im Bereich der Scheitelhaltung des Ludwigskanals das wohl großartigste Bauwerk dar: musste doch westlich von Rübleinshof eine Höhendifferenz von knapp dreißig Metern auf einer Entfernung von mehr als dreihundert Metern überwunden werden, für den Bau eines Brückkanals ein viel zu hohes Risiko!

Neue Probleme, neue Lösungen

Wie nun sollte man die Ausführung des Distellochdamms bewerkstelligen? Steinquader, aus den Keuperbrüchen Nürnbergs herangeschafft, hätten eine ausreichende Festigkeit garantiert, waren viel zu teuer und der Transport zu aufwändig. Also musste der Damm mit dem vor Ort verfügbaren Material, tonhaltigen Letten und Erden, erstellt werden.

Sicherlich durften die Planer davon ausgehen, dass sich die Festigkeit eines Dammes im Laufe der Zeit durch Setzen des Materials selbst verstärken wird, doch in der Anfangszeit boten zahlreiche Rutschungen, ähnlich denen bei den Einschnitten nahe Dörlbach und Ölsbach, Anlass zur Besorgnis.

Immerhin waren Zeitvorgaben einzuhalten und so durften sich beim Bau keinerlei Verzögerungen einschleichen, auch nicht durch die Witterung in unterschiedlichen Jahreszeiten. In der Folge gelangte eben auch gefrorenes, auch durch die Feuchtigkeit gequollenes Material in die Dammfüllung, deren Substanz dadurch schmierig und gleitfähig wurde. Oberflächliche Rutschungen waren die unausbleibliche Folge.

Ein Böschungsabtrag führt allerdings nicht von vorneherein zu einer nachhaltigen Beeinträchtigung der Schifffahrt; die eigentliche Gefahr für einen Dammbruch lag woanders. So führt man den oben erwähnten Dammbruch des Europakanals bei Katzwang unter anderem auf Erschütterungen im Innern des Dammkörpers zurück, ausgelöst durch die Vibration einer Fernwasserleitung, welche an dieser Stelle den Kanal unterquert.

Am Distellochdamm lag die Variation des Problems in der notwendigen Unterführung des von Ezelsdorf kommenden Distelbachs, der selbst zu Zeiten des Hochwassers den Dammkörper nicht angreifen durfte. Die Lösung: fünf Durchlässe führen das abfließende Wasser ab und nehmen gleichzeitig Sickerwasser aus dem Dammmaterial auf. Stabil gemauert, mit großer Sorgfalt ausgeführt, insbesondere auf der westlichen, talwärts liegenden Seite mit massiven Wasserrinnen und Steinquadern ausgeführt, bietet sich ein selbst nach heutigen Maßstäben beachtliches Bauwerk dem neugierigen Betrachter. Denn gerade auf der talwärts gewandten Seite des Damms bestand die Gefahr, durch rückschreitende Erosion Dammmaterial nachstürzen und die Füllung untergraben zu lassen.

Kunst am Bau

Schon bei Röthenbach/St.Wolfgang klagten die Anrainer über Sickerwasser aus dem Kanal in den Kellern ihrer Wohnhäuser. Optimale Dichtigkeit konnte das zum Dammbau verwendete Material eben nicht garantieren, und so zeigen sich an Decken und Wänden der Durchlässe unter dem Distellochdamm Spuren von Versinterungen, bilden sich bunte Reliefs und Miniaturtropfsteine, schön fürs Auge des unbelasteten Betrachters, Grund für einige Kummerfalten mehr in den Augen der verantwortlichen Ingenieure.

Zu Recht stolz auf die Meisterleistung am Distellochdamm haben die Bauleute an den Dammsockeln ihre Steinmetzzeichen hinterlassen. Da die Stollen jedermann zugänglich, wenn auch nicht ganz ungefährlich (wasserdichte Ausrüstung, Taschenlampe) sind, wurden etliche Fundstücke dem unbefugten Zugriff entzogen. Darunter eine Steinbüste, ein Kopf aus Sandstein, geborgen aus einer der vielen Nischen in den Gängen. Entsprechend den Bedingungen seiner Umgebung leicht verwittert ist es nicht mehr deutlich, wen diese Skulptur darstellen sollte. Vermutungen reichen von lokalen Bürgermeistern der damaligen Zeit über Freiherrn von Pechmann bis zu König Ludwig I. selbst, vielleicht aber doch ein italienischer Steinmetz?

Von all diesen unterirdischen Mysterien ahnt der Spaziergänger auf der Dammkrone natürlich nichts. Im Frühjahr fesseln ihn die Pracht des obstbestandenen Hangs, die weidenden Schafe, die wenigen hangparallel gestutzten Fichten; im Winter die rasante Rodelstrecke, die, zugegebenermaßen etwas abrupt, im aufgeforsteten Niederwald endet. Informationstafeln geben den Neugierigen Auskunft, und auch Bänke stehen da, um Liebespaaren unter blühenden Apfelbäumen mit dem Blick in ein herrliches Abendrot die Möglichkeit zu geben, ihr Klischee zu erfüllen …

Bedrohte Idylle

Es begleiteten also schon während der Bauzeit des Ludwigskanals Rückschläge die an sich bereits schwierige Ausführung. Neben der erheblichen Verteuerung des Projekts – wie erwähnt hatten sich die ursprünglich auf rund neun Millionen Goldmark veranschlagten Kosten verdoppelt – verzögerte beispielsweise der Wiederaufbau des Bruckkanals oder auch Rutschungen an Dämmen und Steilhängen die Fertigstellung des Bauwerks.

Mit seinem wirtschaftlichen Niedergang wurde auch die Pflege des Ludwigskanals zunehmend vernachlässigt. Gänzlich unpassierbar jedoch wurde die Wasserstraße erst, als im Zweiten Weltkrieg die Bomber der Alliierten die stark industrialisierte Südstadt Nürnbergs ins Visier nahmen. Dabei war der Ludwigskanal in Verkennung seiner mittlerweile völligen Bedeutungslosigkeit besonderes Ziel der Angriffe.

Die Fotos der Aufklärer zeigen an den klaren Tagen nach den Bombennächten in erschreckender Deutlichkeit das ganze Ausmaß der Zerstörung. Insbesondere im Bereich „An den Rampen", einem Schnittpunkt von Straßen, Eisenbahn und Ludwigskanal wurde die Wasserstraße schwer getroffen.

Leer gelaufen und seiner ursprünglichen Funktion beraubt, verfiel der Kanal in den folgenden Jahren vollends. Zwischen den Büschen und Wildkräutern hatten gerade einmal spielende Kinder ihren Spaß an der Ruine, bis dann in den sechziger Jahren die neuen regionalen Verkehrsleitpläne auch die letzten Spuren des Kanals im Bereich der inneren Stadt tilgten. Heute fahren und stehen im Stau statt der Schiffe Tausende von Autos, Tag für Tag auf dem Frankenschnellweg.

Der Kampf um den Grünzug

Immer wieder geht durch den Bau neuer Straßen ein Stück Ludwigskanal unwiederbringlich verloren und dies bedroht seine Existenz als Gesamtkunstwerk. Zwischen Wendelstein und Röthenbach/St.Wolfgang sollte der Kanal sogar in einzelne Fragmente zerstückelt werden. Beim alten Bahnhof in Wendelstein musste der Kanal bereits der Straße weichen, ein ähnliches Schicksal blieb ihm wenige Meter weiter östlich erspart: dem Landschaftsarchitekten Grebe aus Nürnberg gelang es, den geplanten Durchstich des Kanals zugunsten einer Schnellstraße nach Sperberslohe in eine Untertunnelung zu verwandeln.

Autofahrer und Kanalgogerer sind heute gleichermaßen froh und erleichtert, wenn derartige Kompromissformen gefunden werden. Und dabei ist es fast nebensächlich, wenn durch Renovierungen und maßvolle Umbauten der marode Charme des Kanals etwas verloren geht.

Aufgehübschte Schleusenhäuser, erneuerte Schleusentore, Versiegelung des Kanalbetts mit modernen Materialien stoppen den Verfall.

Positive Beispiele gibt es viele: die Schleusenruine nördlich von Forchheim soll wieder hergerichtet werden, woanders werden alte Obstbäume ersetzt und verpachtet und die Erntemenge weiterhin an die Anwohner versteigert. Auch wenn die wohlschmeckenden „Kanaläpfel" nicht selten im Wasser landen, weil sich der Publikumsgeschmack von den unregelmäßig geformten, auch schon mal mit einem Wurmloch verzierten Früchten abkehrt.

Und es wird wieder getreidelt: die „Elfriede" bei Schwarzenbach, die „Alma Victoria" mit Schleusung bei Pollanten, Musik und Leberkässemmeln inbegriffen. Weitere Interessengemeinschaften werden gegründet und kümmern sich um den Erhalt von Teilen des Ludwigskanals und seiner Kultur.

Mittlerweile hat sich das Bild des alten Kanals so in die Herzen der Bürger eingraviert, dass eine weitere unmittelbare Zerstörung des Bauwerks in der Öffentlichkeit nicht mehr durchsetzbar ist. Großprojekte wie der Europakanal haben im Ottmaringer- und Altmühltal genug Schaden angerichtet, indem sie nicht nur den Ludwigskanal auf einen Torso reduzierten, sondern die Täler gleich mit umbauten, sie spalteten und die ökologische Trennung der Talhälften vollzogen. Die geplante Erweiterung des Parkplatzes an der Raststätte Feucht bedrohte das Ökosystem Brückkanal und konnte gerade noch gestoppt werden.

Nicht nur ein „nasser Weg"

Um das Jahr 1850, der Blütezeit des Ludwigskanals, wurden noch knapp 200.000 Tonnen Fracht pro Jahr umgeschlagen. Die Zahlen fielen danach dramatisch und erreichten vor dem Ersten Weltkrieg gerade einmal 50.000 Tonnen. Bis zum Dritten Reich blieb aber immer noch eine beachtliche Personenschifffahrt übrig, mit der lokaler Ausflugsverkehr betrieben wurde. Für wenige Pfennige konnte man mit dem fahnengeschmückten „Schlagrahmdampfer" den Gasthof Weigel in Kronach bei Fürth erreichen und dort die üppigen, sahnegefüllten Windbeutel verspeisen.

Diesem, durchaus auch für breitere Schichten erschwinglichen Vergnügen setzten die Nationalsozialisten ein Ende, indem sie die Personenschifffahrt auf dem Ludwigskanal zu einem unerwünschten Luxus erklärten, Juden das Mitfahren verboten und schließlich die Dampferfahrten gänzlich einstellten.

Welchen Nutzen konnte die Bevölkerung dann noch aus dem Kanal ziehen? Auf jeden Fall war der Kanal schon immer eine sehr lange Badewanne, eine kostenlose Schwimmgelegenheit für jedermann. Mit Errichtung und Ausbau der lokalen Kläranlagen entlang des Ludwigskanals

Der große Kranen am Kanalhafen zu Nürnberg (Ausschnitt), Stahlstich von Alexander Marx, 1845

hat sich auch die Wasserqualität deutlich verbessert. Die zahlreichen Angler konnten schon so manche fette Beute an Land ziehen.

Aber es heißt wachsam zu bleiben: der Stillwasserkanal besitzt keine ausreichende Selbstreinigungskraft, um selbst kleine Unregelmäßigkeiten im Zufluss auszugleichen. Das empfindliche Ökosystem reagiert auf Sauerstoffmangel und Schadstoffeintrag rascher als andere Gewässer mit Eutrophierung und Fischsterben.

Neue Herausforderungen

Der Kanal gehört nicht mehr den Schiffen, er gehört, nachdem er einen Teil an die Autos verloren hat, den Karpfen und den Menschen, die er rund ums Jahr immer wieder neu faszinieren kann. Da aber der alte Kanal von der Freizeitgesellschaft so stark angenommen wird, muss für seinen Erhalt besonders viel getan werden. Die Wasserwirtschaftsämter werden den gestiegenen Nutzungen Rechnung tragen müssen: Treidelwege müssen befestigt und gepflegt werden, Gefahrenherde sind zu beseitigen, altersschwache Bäume müssen gefällt und morsche Äste geschnitten werden.

Die Wasserfläche muss von übermäßigem Bewuchs befreit werden, auch wenn der Einsatz von speziellen Schwimmbaggern einen erheblichen Kostenfaktor darstellt. Aber nur dann kann die Attraktivität des Konglomerats aus Freizeit, Fischfang, Wirtschaftsweg, Sport und Landschaft erhalten bleiben. All das kann eben nur ein Kanal bieten!

An den Schnittstellen mit Wanderwegen nutzen Freizeitmaler die Ufer für Verkaufsausstellungen, Skulpturen säumen von Berg bis Berching die Dammwege.

Der Dörlbacher Einschnitt mit der neuen Brücke und der sogenannten Kaserne, Stahlstich von Alexander Marx, 1845

An Wochenenden tummeln sich bei schönem Wetter ganze Heerscharen von Radfahrern und Joggern entlang des Kanals. Ein oft gefährliches Nebeneinander auf den schmalen Treidelpfaden. Natürlich leidet darunter die viel gerühmte Abgeschiedenheit des Kanals drastisch. Dennoch: Während der Woche - vielleicht bei weniger schönem Wetter- kann man die Einsamkeit am Wassers genießen und sich über die Vielfalt der Natur freuen. Wen die Entstehung des Kanals interessiert, den informieren Schautafeln über die Geschichte des Industriedenkmals; darüber hinaus sei ein Besuch im Kanalmuseum Burgthann empfohlen. Dort wird die Planung, der Bau und die Nutzung der Wasserstraße anschaulich anhand von Exponaten dokumentiert.

In der kalten Jahreszeit gehört der Kanal ganz der Jugend und den jung gebliebenen Senioren. Ein buntes Völkchen versammelt sich auf der Eisfläche, die, vom hohen Baumbestand hinreichend beschattet, oft bis in den März hinein tragfähig bleibt. Eltern zerren ihre Sprösslinge auf Schlitten durch den Lärm und müssen nur aufpassen, dass sie nicht von Eishockeyspielern und anderen Schlittschuhläufern, Skatern also, über den Haufen gerannt werden.

Zudem gilt es auf die gepflegten Eisbahnen der Eisstockschützen zu achten, die zwischen den wärmenden Schnapsrunden mehr oder weniger treffsicher nach der hölzernen Daube werfen. Und so schimpft tatsächlich einer der Wendelsteiner Schützen, als sein Kumpel den Holzklotz wieder einmal viel zu stark getroffen hat: „Du schießt des Ding ja noch ganz bis nunter nach ...", und jetzt muss er doch etwas überlegen, „... nach Kelheim!"

Oh ja, sie kennen ihn schon, ihren alten Kanal, ihren Ludwigskanal, die alten Kanalgogerer!

Zeittafel

1825	Ludwig I. wird König von Bayern und beauftragt Heinrich Freiherr von Pechmann mit der Planung des Kanals
1836	Beginn des Kanalbaus
1846	Eröffnungsfeier am Kanal-Denkmal bei Erlangen
1850	Höchststand des Güterumschlages
ab 1860	Verminderung des Frachtaufkommens durch die Konkurrenz der Eisenbahn
um 1870	Anfänge von Ausflugsfahrten auf dem wirtschaftlich bereits bedeutungslosen Kanal
ab 1925	Zeit der Schlagrahmdampfer
1945	Schwere Beschädigungen durch Bombentreffer im Zweiten Weltkrieg
1950	Offizielle Stilllegung als Wasserstraße
ab 1950	Zerstörung des Abschnittes Nürnberg–Bamberg durch den Bau des Frankenschnellweges
ab 1980	Zerstörungen im Altmühltal und Ottmaringer Tal durch den Bau des Main-Donau-Kanals
1992	Einweihung des Main-Donau-Kanals

Kanalausmündung in die Donau bei Kelheim mit der Befreiungshalle, Stahlstich von Alexander Marx, 1845.

Für den Fototermin haben sich die hohen Herren im Kelheimer Hafen postiert. Im Hintergrund die Franziskaner Kirche. Aufnahme um 1920.

BAVARIA

Zum Kanaltag am 18. Juni 1916 erschien König Ludwig III. von Bayern höchstpersönlich zum Festakt im Kelheimer Hafen.

Das Dampfschiff Hermann-Martin fährt um 1910 in Richtung Kelheim auf dem Ludwigskanal. Dieses Teilstück wurde gebaut, um die Staustufe der Altmühl bei dem Eisenhammer Schelleneck zu umgehen.

Blick vom Schulerloch ins Altmühltal mit Schleuse Nr. 4 an der Abzweigung des Umgehungskanals.

An der Anlegestelle in Riedenburg geht 1911 ein Boot der Luxusklasse vor Anker. Im Hintergrund ist die Rosenburg zu sehen.

Um die Altmühl schiffbar zu machen, musste sie aufgestaut werden. Am Wehr bei Meihern an der Schleuse Nr. 11 waren im Jahr 1924 Reparaturarbeiten wegen der Schieflage eines Pfeilers notwendig.

In Trockenzeiten sank der Wasserstand im Kanal. Deshalb mussten die Schiffe ihre Ladung reduzieren.

Der Frachtkahn „Illerstein“ mit einer Holzladung im Altmühltal bei Dietfurt.

Blick auf die Schleuse Nr. 12 bei Oberhofen im Jahr 1924

Eine Aufnahme aus dem Jahr 1922 zeigt das Kanalwärterhaus an der Schleuse Nr. 23 in Berching.

Der Lastkahn „Vorwärts" verlässt die Schleuse Nr. 24 bei Berching, an der gerade Reparaturarbeiten vorgenommen werden.

Um 1938 passiert ein Motorschiff den Kanal bei Berching in der Nähe des Bahnhofs.

Ein Bild aus Zeiten, als es noch keine Kühlschränke gab: Berchinger Brauereiarbeiter sägen ihre Eisstangen aus dem zugefrorenen Kanal und transportieren sie in die Eiskeller.

Ausgerechnet am Faschingssonntag 1961 landete zur allgemeinen Erheiterung der einheimischen Bevölkerung ein US-Panzer während eines Manövers bei Berching im Kanal, da die Holzbrücke dem schweren Gewicht nicht standhielt.

Eine Fahrt ohne Wiederkehr: Ein Schnellboot der Kriegsmarine unterwegs zum Schwarzen Meer, aufgenommen an der Schleuse 46 westlich von Pfeifferhütte.

Eine historische Ansicht des Neumarkter Kanalhafens, der mit einer offiziellen Feier im August 1846 eingeweiht wurde. Der alte Kran steht heute noch, während das Lagerhaus dahinter abgebrochen wurde.

Unter Aufsicht des Kanalmeisters werden im Jahr 1914 Reparaturarbeiten an der Schleuse 45 bei Burgthann vorgenommen.

Ein Bild voller Aussagekraft: Südlich von Neumarkt hievt ein Eisenbahnkran 1956 die „Bamberg“ aus dem Kanal. Die Eisenbahn hatte schon lange den Kanal wirtschaftlich ins Abseits gerückt.

Ein Erinnerungs-foto zeigt Kanal-meister Hirsch mit Familie am Kanal-wärterhaus der Schleuse Nr. 33.

Die Aufnahme stammt aus den Jahren nach dem Ersten Weltkrieg und zeigt den Kanaldamm bei Schwarzenbach. Durch den engen Durchlass führt heute noch die Straße nach Ezelsdorf.

Vor dem Gasthaus „Zum Ludwigskanal" in Schwarzenbach legen die Fischer ihre Angeln aus. Aufnahme um 1930.

Seine Leidenschaft war Angeln und Fotografieren: Mit Selbstauslöser und Stativ lichtete Ernst Dorn sich selbst am Kanal ab. Das Bild oben zeigt ihn mit Käscher zusammen mit Mitgliedern der Fischergilde am Sicherheitstor an der Dörlbacher Brücke.

Ein Erinnerungsbild aus unbeschwerten Kindheitstagen: Der dreijährige Werner Schwarz (siehe Text auf Seite 101) auf dem Rücken seines Vaters beim „Schubkarrenfahren“ bei Schwarzenbach. Aufnahme 1930.

Manchmal gab es Schwierigkeiten, das Taxi des Großvaters von Werner Schwarz zu starten. Ob es gelang, den Oldtimer wieder in Bewegung zu bringen, bleibt ungewiss.

Die Naturhistorische Gesellschaft aus Nürnberg verstand es, zünftige Feste zu feiern. Aufnahme 1927 bei Burgthann.

Für Ausflügler am Kanal bei Oberölsbach lohnt es sich, einen kurzen Abstecher zur nahegelegenen Klosterruine Gnadenberg zu machen. Erinnerungsfotos zeigen links Lilly und Fritz Dollhopf (1930), rechts Ilse Neumann, geborene Loos mit ihrer Großmutter (1926).

Schon in den 30er Jahren entwickelte sich der alte Kanal zum Freizeitparadies.

Damals wie heute als Wanderziel äußerst beliebt: das Schwarzachtal mit Brückkanal. Der Nürnberger Gesellschaftsverein Zwinger traf sich 1921 am Brückkanal zum Gruppenfoto.

Grüße vom Brückkanal: Postkarte um 1895.

Kanalwärter Friedrich Haas mit Frau Margarete und Sohn Georg am Kanalhaus beim Brückkanal. Aufnahme im Jahr 1890.

Nur noch wenige Schiffe befahren im Kriegjahr 1942 den Ludwigskanal. Gespannt beobachten drei Generationen von der Brücke in Röthenbach bei St. Wolfgang diese Attraktion.

Vor dem Gasthaus „Ludwigskanal" präsentiert sich stolz um 1910 Wirt Michael Rühl (mit Schürze) zusammen mit seinen Gästen dem Fotografen.

Eine Aufnahme aus Worzeldorf aus dem Jahre 1905 zeigt den Besitzer des „Schwarzen Adlers" Peter Gambel (links mit Schürze) beim Einlagern des aus dem Kanal gebrochenen Eises.

Von 1894 bis 1926 war Schleusenwärter Ulrich Weih aus Worzeldorf im Dienste des Kanals. Das Foto links zeigt ihn zusammen mit seiner Familie an der Schleuse Nr. 68. Oben ist er in jüngeren Jahren um 1900 mit Uniform und Mantel zu sehen.

Alle Mann an Bord: Mitglieder der Naturhistorischen Gesellschaft bei einer Ausflugsfahrt nach Neumarkt an der Schleuse Nr. 65 bei Wendelstein.

Die Steine für Bauwerke des Kanals wurden aus Steinbrüchen der Umgebung gewonnen. Das Foto zeigt Steinbrecher Freimann mit seinen Kollegen im Worzeldorfer Steinbruch im Jahr 1958.

Bereits im Ersten Weltkrieg kam das Ende der Hartmannschen Ziegelei am Kanal bei Worzeldorf. Aus jener Zeit stammt das Abschiedsbild vor der Zugmaschine der Betriebsbahn.

Die Reederei Demerag wurde 1913 in Nürnberg gegründet und unterhielt mehrere Frachtkähne, die auf dem alten Kanal bis zu seiner Stilllegung im Einsatz waren. Das Foto zeigt die eingefrorene Schleuse Nr. 76, als im Winter 1929 die Schifffahrt eingestellt werden musste.

Bereits teilweise verlandeter Kanalabschnitt bei Sandreuth in Nürnberg. Heute verläuft hier der Frankenschnellweg nach Erlangen. Aufnahme um 1950

Die „Demerag-Lände" mit Gleisanschluss an der heutigen Dianastraße in Nürnberg

Aus dem Fotoalbum von Eva Mötsch: Die nationalen Schwimmfeste am Kanalhafen in Nürnberg bei der Schleuse Nr. 77 aus den Jahren 1911 und 1913.

Die Holzhandlung Peter Nigl war früher am Nürnberger Hafen ansässig. Die Einfahrt zum Lagerplatz befand sich an der Rothenburger Straße. Aufnahme um 1900.

Im Eisenwerk Johann Wilhelm Spaeth am Dutzendteich in Nürnberg wurden speziell für den Kanal die typischen Hafenkräne hergestellt. Aufnahme um 1900.

Ein Lkw der Marke NSU transportierte eine aus dem Bayerischen Wald per Schiff angelieferte Ladung von Gerüststangen zu den Baustellen. Das Fahrzeug hatte Hartgummireifen mit Holzfelgen.

Ein Treidelzug an der Stadtgrenze Nürnberg-Fürth bei der Kurgartenstraße. Im Hintergrund sind die Gebäude der Firma Dr. Soldan zu erkennen. Aufnahme um 1935.

Kanalidylle mit Dampfschiffen: Der Kanal überquerte mittels einer Trogbrücke bei Doos die Pegnitz. Heute befindet sich hier der Frankenschnellweg (Bild links). Ein kleines Dampfschiff passiert die Schleuse Nr. 80 am Bahnhof Doos an der Stadtgrenze (Bild oben). Aufnahmen um 1930.

Sehr beliebt waren vor dem Krieg die sogenannten Schlagrahmdampfer Antonia, Karl und Hansi, die zwischen Doos und der Ausflugsgaststätte Weigel in Kronach bei Fürth auf dem Kanal verkehrten. Dort verbrachten bei Kaffee und Kuchen die Städter so manches Wochenende.

Das Ende der beschaulichen Schlagrahmdampferzeit bahnte sich an, als die Nationalsozialisten jüdischen Bürgern den Zutritt zu den Ausflugsschiffen verboten.

Abfahrtszeiten nach Kronach an der Anlegestelle Doos.

Die nationalsozialistische Volkswohlfahrt Koggenhof unternahm zum Muttertag 1934 einen Ausflug zum Gasthof Weigel.

„Der kleine Kapitän“: Hans Weigel (im Hintergrund) lässt seinen damals sechsjährigen Sohn Hansi ans Ruder des nach ihm benannten Ausflugsbootes. Aufnahme 1932.

Badende Kinder bei der Kurgartenbrücke an der Stadtgrenze zwischen Nürnberg und Fürth.

Obsternte „Am Espan“ in Fürth. 40 000 Obstbäume ließ Freiherr von Pechmann, Königlicher Oberbaurat, entlang des Kanals pflanzen. Böse Zungen behaupteten, dass der Ertrag aus der Obsternte für die Kanalverwaltung eine höhere Einnahmequelle bildete als die Schifffahrtsgebühren.

Das Treideln war bereits in den 30er Jahren eine Seltenheit: Treidelzug an der Kurgartenbrücke in Fürth.

Für Kinder war es ein besonderer Spaß, auf Frachtkähnen bis zur nächsten Schleuse mitfahren zu dürfen. An der Anlegestelle Doos um 1930.

Am Gasthaus Felsen machte der Frachtkahn „Gute Fahrt“ Mittagspause. Der rauchende Schlot gehörte zu der Fabrik Debast an der Kurgartenbrücke (um 1935).

Kanalidylle in Erlangen, um 1910: Kanal und Hebebühne bei der Martinsbühler Kirche wurden durch den Bau des Frankenschnellwegs, der A73, zerstört.

Eine Postkarte aus dem Jahr 1909 zeigt das bis heute erhalten gebliebene Kanaldenkmal am Fuße des Burgbergs im Norden von Erlangen. Es wurde von Ludwig Michael Schwanthaler geschaffen, 1846 enthüllt und stellt Moenus und Danubia dar. Die Inschrift lautet: „Donau und Main für die Schiff-Fahrt verbunden. Ein Werk von Carl dem Großen versucht, durch Ludwig I. Koenig von Bayern neu begonnen und vollendet MDCCCXLVI.“

Nur wenige Meter entfernt von der Schleuse Nr. 89 wurde bereits 1844, also zwei Jahre vor Eröffnung des Kanals, der erste Eisenbahntunnel Bayerns der Nord-Süd-Bahn Bamberg–Nürnberg am Burgberg von Erlangen fertiggestellt. Ein wahrlich symbolischer Ort, denn der Siegeszug der Eisenbahn war es letztlich, der dem Kanal das Wasser abgrub.

Zwei Schlepper sind 1918 südlich des Trubbach-Durchlasses bei Forchheim auf dem Kanal unterwegs.

Ein reizvolles Zeitdokument aus dem Jahre 1941 zeigt eine Bäuerin mit Ochsengespann unterhalb von Altendorf bei der Arbeit am Kanaldamm. Links ist der Werkskanal des Überlandwerks Oberfranken zu erkennen.

Nur ein einziger Frachtkahn liegt im Hafen von Forchheim vor Anker (Aufnahme 1939).

Komplettes Ensemble einer Kanalschleuse: die Schleuse Nr. 96 im Jahr 1941 mit Kanalwärter-häuschen, Laub - und Obstbäumen. Im Hintergrund ist Hirschaid zu erkennen.

Die „Bertha-Anna" macht im Kriegsjahr 1916 unter großer Anteilnahme von Schulkindern in Bamberg oberhalb der Nonnenbrücke fest.

Im Jahr 1899 herrschte noch buntes Markttreiben an der ehemaligen Kranenhalle in Bamberg. Im Hintergrund das alte Rathaus.

Kurz vor der Einfahrt in die Schleuse 100 wartet ein Schlepper auf der Regnitz auf die Weiterfahrt. Im Hintergrund die Villa Concordia, ein barockes Wasserschloss, heute Sitz des internationalen Künstlerhauses in Bamberg.

Nur selten war der Andrang von Lastkähnen im Bamberger Hafen so stark wie auf diesem alten Bilddokument, das um 1870 entstand.

In Bamberg fuhren die Schiffe in den Ludwig-Donau-Main-Kanal ein. Da die Strömung der Regnitz an der Rathausinsel zu stark war, wurde sie durch den sogenannten Nonnengraben umgangen. Das Gebäude rechts mit dem Treppengiebel war die alte Lagerhalle.
Dort befanden sich die ersten Anliegeplätze. Die beiden Kräne sind noch erhalten.
Links im Bild ein Floß, wie sie Jahrhunderte lang das Gesicht alter Wasserstraßen prägten. Im Hintergrund ist der Turmhelm von St. Martin zu erkennen.

Der Kanal, das war mein Leben

Jürgen Franzke

In der Nähe von Lindelburg wurde 1914 **Maria Hutzler** im Kanalhaus an der Schleuse 46 geboren, ihr Vater war Kanalmeister. In ihrer Kindheit und Jugend lebte sie mit ihren Eltern und Geschwistern in dem dortigen Kanalwärterhaus, an einem Abschnitt des Kanals, der an dieser Strecke, zwischen Rübleinshof und Ochenbruck, das dichteste Schleusennetz, nämlich 27 von 100 Schleusen, aufwies. Sie erzählt aus ihrer Kindheit und Jugend.

Wir ham im Kanalhaus Schleuse 46 gwohnt, des lag auf der linken Seiten, also anders als die meisten Kanalhäuser, die ja rechts lagen. Es stand auch nicht direkt am Kanal, sondern etwas abseits, auf einem kleinen Hügel. Mir ham weder Strom noch Wasser ghabt, mir ham mit der Petroleumlampen Licht gmacht, im Wohnzimmer is a so a schöner, großer Petroleumleuchter ghängt, und a Stallatern und an Handleuchter ham mer ghabt. Mir ham ja an Stall ghabt mit drei Ziegen.

Des Trink- und Kochwasser ham mer von am Brunnen ghabt, der unterhalb der Schleuse lag, da ham mir Sommer wie Winter Wasser ghabt, der is nie versiegt und nie eingfrorn. Der Vater hat immer zwa große Eimer voll gholt. Alles andere Wasser ham mir vom Kanal gnommen: waschen, putzen, Vieh tränken, Garten gießen, des war alles Kanalwasser. Des Kanalwasser war wunderbar weich und sauber. Damals wars noch sauber, weil durch die Schiffe, durch des Schleusen, hat sich das Wasser immer bewegt, des war noch ka so a stehendes Wasser wie heut.

Damals sind ja praktisch noch keine Motorschiffe gfahrn, da is höchstens amal ans komma im Jahr. Es gab nur Treidelschiffe. Da gabs die Schiffsreiter, die sind mit ihrm Pferd glaufen, da war einer auf dem Schiff, der immer wieder an der Schleuse das Zugseil ausgspannt hat und rausgschmissen, dann wurde durchgeschleust, dann hat er das Seil wieder einghängt und es ging weiter. Ein dritter hat das Schiff gesteuert. Zwei ham auch auf dem Schiff geschlafen, der Schiffsreiter is bei seim Pferd blieben. Zum Füttern hat er die Eimer vom Schiff gholt, den Hafer fürs Pferd hat des Schiff dabeighabt, des Wasser hams ausn Kanal gnommen.

Wir ham damals vier Äckerle ghabt, und da ham mir unsere Kartoffeln anbaut, amal aweng Gurken oder Kraut und sowas. Des war Selbstversorgung, des ham mir auch braucht, weil der Vater hat net so viel verdient damals. Des warn zwar Beamte, aber so kleine, a gscheiter Arbeiter hat mehr verdient, damals. A Hund war immer da, und a Katz. Drei Ziegen und Hühner ham mer ghabt, auch zwei Schweine. Des ham mer braucht, sonst wärn mir schon a bißla arm gwesen, vom Vater sein Verdienst alleins, des hat net glangt.

Mei Vater war zuerst Kanalwärter, dann Aufseher, dann Oberaufseher und dann Meister. Der hat scho glernt am Kanal, beim Kanalmeister

Röder war er zur Ausbildung, nachdem er die Schreinerlehre gmacht hat. Die ham nur Handwerker gnommen am Kanal. Mei Vater hat scho gwusst, dass er zum Kanal geht, weil mei Großvater war auch a Kanaler. ... Und wie dann der Großvater gstorbn is, da is der Vater grad so ausn Krieg komma, 1918, und aufn Posten vom Großvater is er dann draufkomma. Drum warn mir da drobn in Lindelburg, auf Schleuse 46. Des war a dreiviertel Stund von Lindelburg weg, wo Fuchs und Has sich Gut Nacht" sagn, da ham mir gwohnt.

Ich erinnere mich an sehr harte Winter in meiner Kindheit, aber mir hams überlebt! Der Schulweg von mir nach Lindelburg, des war lang, des hab ich zu Fuß gmacht, und ich war manchmal eingschneit bis zum Bauch, und ich hätt gar net gehn könna. Dann hat der Vater sein Kanalbahnschlitten gnomma und is vor mir herganga und ich bin hinterher getrabt mit meim Bücherranzen. Der Vater hat den Schlitten zogn, des musste er jeden Tag machen, wenns gschneit ghabt hat, um die Wege von seim Bezirk freimachen.

Der Lehrer hat amal gsagt: ‚Lassens halt des Mariela daham, solangs so arg schneit.' Dann hat er gsagt: ‚Na na, Herr Lehrer, sonst kommts nemmer mit.' Und Mittag bin ich wieder heimglaufen, allein. Da hats ka Fürchten gebn, ich hab mi net gfürcht. Mir is gsagt wordn von der Mutter: ‚Dou fei die Bauern freundlich grüßn', und des hab i dann gmacht.

Ich hab zwei Gschwister ghabt, a Schwester und an Bruder, und ich war die älteste. Die hab ich dann a noch in die Schul mitgnomma, ich war in der Fünften und die sin in die Erste komma. Eine Schule für alle Kinder, von der ersten bis zur siebten Klasse, alle in einem Klassenzimmer, gleichzeitig, und ein Lehrer für alle! Des warn ungefähr 20, 25 Kinder. Und des hat funktioniert, wir sind net dümmer aus der Schul komma wie die heut, wo jeder Jahrgang eine Klasse hat.

Des Schönste in meiner Kindheit warn die Sommer am Kanal. Die warn wunderschön, des war die schönste Zeit von meim Leben. Wir sind in den Wald gangen und ham Beern gholt, Schwarzbeern und Preiselbeern und wie ich die ersten Gelberli gsehn hab, hab ich zur Mutter gsagt: „Mutter, gib mir a Körbla, ich hab Gelberli gsehn." Da hat mer mich net schicken müssen, so begeistert war ich von dem Pilzsuchen. Dann bin ich losganga, allein, gfürcht hab ich mich net, allein im Wald, da hab ich gar kan Gedanken dran ghabt.

Und dann ham wir einen großen Kirschbaum direkt am Haus ghabt, die ganze Verwandtschaft von Unterferrieden, wo mei Mutter hergstammt hat, is komma und hat Kirschen gholt, was braucht ham. Körbvoll ham wirs runter, so groß war der Baum, die ham glangt für alle, und a Schaukel war an dem Baum.

Es gab auch Apfelbäum, und Weichseln gabs, und Birnen gabs, und der Vater hat die Bäum alle gepflegt, gschnitten und was sonst zu machen war. In Richtung Neumarkt, wo größere Bäum gstanden warn, is die Ernte versteigert wordn, des hat auch der Vater gmacht. Damals ham die Leut noch Kanalobst gwollt, da warns noch net so anspruchsvoll wie heut. Viele ham da gesteigert, weils doch viel günstiger war, als des Obst auf dem Markt zu kaufen.

Wir ham auch guten Kontakt zu den Schiffern ghabt, die hat man eigentlich alle gekannt. Die ham ja oft amal in Röthenbach übernachtet, weils a gutes Quartier war beim Brunner. Transportiert wurde ja hauptsächlich Holz, Langholz, des wird vom Bayerischen Wald komma sein, und die warn voll beladen, die Schiffe, ham an großen Tiefgang ghabt. Ja, und des Schleusen ham wir automatisch glernt, des ham wir praktisch von selbst gmacht. Der Vater hat mit einem Schiff ja mitgehn müssen, von Schleuse 46 auf 45, bis nauf auf 43, wo der nächste Kanalwärter war. Und wenn der Schiffer gsagt hat: „Da kommt gleich einer nach", dann hat die Mutter schleusen müssen, oder wir Kinder. Ich hab des mit 12 Jahr scho gmacht, das war a Klacks: die Schleuse war leer, die unteren Tore warn offen. Des Schiff, des grad kam, ist eingfahrn, dann sind die Tore hinter dem Schiff geschlossen worden. Jetzt ist man zur Schütze vorgangen und hat aufdreht, dann is des Wasser von oben rein glaufen und hat des Schiff ghoben. Wenn Gleichstand war, hat man die Tore vorne aufgmacht, dann hat des Schiff rausfahrn können. Runterwärts wars genauso: da hat man die Schleuse erst füllen müssen, denn die Schleuse war eigentlich immer leer, man hat keine gefüllten Schleusen glassen, des wär viel zu gefährlich gwesen. Wenn also ein Schiff von oben kam (Richtung Neumarkt), dann hat der Schiffer beim Kugelhammer droben ins Horn blasen, hat Signal gebn, dann is man grannt, hat die unteren Tore zugmacht, hat oben aufdreht, bei Gleichstand die Tore auf und des Schiff konnt reinfahrn. Tore zu und untere Schützen auf, dass des Wasser ablaufen konnte, das Schiff hat sich gesenkt, bei Wassergleichstand konnte man die unteren Tore dann aufmachen. Wenn des a schweres Schiff war, dann hat man zum Auslaufen die obere Schütz a Stück aufdreht, damit Wasser nachglaufen ist und des Schiff in Bewegung kommen ist, weil des Pferd hat des nicht vom Stand wegziehen können, dazu wars zu schwer. Ja, und des habn wir alles gwußt, der Vater hat uns des net glernt, des ham wir einfach so mitkriegt."

Maria Hutzler lebte 1996, 82jährig, immer noch am Kanal, und zwar in Röthenbach im Kanalhaus an der Schleuse 63. Ihr Vater hat 1926 den Posten in Röthenbach übernommen, damit die Kinder eine bessere Schule besuchen konnten. 1958 hat die Familie dann das Kanalhaus gekauft, das – die beiden Kinder sind längst erwachsen – der Alterssitz von Frau Hutzler gewesen ist. Ihr ganzes Leben hat sie am Kanal verbracht.

❄

In Kelheim lebte **Wilhelm Tratner**, geboren am 12. November 1915, er wohnte im Kanalhaus an der Schleuse Nr. 1, Postadresse Hienheimerstraße 5, die ehemalige „Kanaleinnehmerei". Hier begann der Ludwig-Donau-Main-Kanal. Herr Tratner hat 1937 als gelernter Schreiner am Kanal Arbeit bekommen. Seine Erzählung beginnt mit dieser Zeit.

„Im März '37 hab ich hier angfangen, bin vom Arbeitsdienst kommen, wo ich eineinhalb Jahre war, und hab mir da Arbeit gsucht. Damals ham die ganzen Gebäude, von hier bis zur Schleuse 12 zur Kanalmeisterei Riedenburg ghört, und da hab ich dann angfragt, weil man nirgends Arbeit kriegt hat. Wußt schon, dass ich im November wieder einrücken musste zum Militär, hab mir aber denkt, des halbe Jahr, da brauch ich a bißle Verdienst. Denn mit 25 Pfennig ist man nicht reich gworden, soviel hat man beim Arbeitsdienst kriegt, 25 Pfennig am Tag!

Angfangt hab ich dann als Hilfsarbeiter, mit 58 Pfennig die Stund. Ich hab da mit der Partie mitgarbeit, und zwar ham wir da das Flußbett ausgebaggert, soweit es Anlagerungen gegeben hat, vor und hinter den Schleusen, an den Stauwehren. Das hat sich dann ergeben, durch des, dass ich Schreiner war, da hat man halt in einem Schleusenhaus mal einen Fußboden reingmacht, dort mal ein Fenster gemacht, also da hab ich viel Schreinereiarbeit gmacht … und dann bin ich eingrückt …"

Wilhelm Tratner war in Amberg „eingerückt" und hat ab 1939 den Krieg mitgemacht: Polenfeldzug, Frankreich, Russland. 1945 kehrte er zurück.

„Dann bin ich von den Soldaten 1945 wieder zurückkommen, bin nach Regensburg, hab mich dann gmeldet und hab auch gleich bei der Kanalmeisterei wieder angfragt: ‚Braucht ihr wieder Arbeiter, kann man bei euch wieder anfangen?'‚Ja', sagt der, ‚wir warten schon lang auf Leut, ihr seid's gleich willkommen, ihr könnt's gleich anfangen'. Ich hab dann sofort angfangen, schon im April 1945. Zuerst ham wir die ganzen Brücken frei gmacht, in Gundelfing war eine, in Deising war eine, in Eggersberg war eine, da ham wir die Vorarbeiten gmacht, damit man wieder drüber fahrn hat können. Im Oktober, November war dann des abgeschlossen, doch ich bin dabei blieben, hab halt im Außendienst mitgholfen, Wasserbau, Brückenwiderlager betonieren, das war dann die Arbeit. Ich hab alles gmacht, was angfalln ist. So ging des dann bis 1948.

Meine Frau war ja Flüchtling, denn ich hab in Breslau geheiratet, während meiner Verwundung, im Februar 1942 bin ich in Russland verwundet worden. Dann war ich ein Jahr in Breslau und in der Zeit hab ich geheiratet. Meine Frau ist dann 1945 als Flüchtling nach Riedenburg kommen, wo meine Eltern warn. Da hat sie a zeitlang gwohnt, und als ich entlassen war, ham wir nach einer Wohnung gschaut, des war auf einem Bauerndorf bei Riedenburg, da hab ich dann a Wohnung kriegt. Des ging dann bis '48 und dann hab ich schon auf Schleuse Nr. 4 gearbeitet und gewohnt.

Dann is der Kanalwärter, der hier auf Schleuse Nr. 1 gesessen ist, in Rente gangen, und dann ham sie mich da runter. Es sind doch sehr viele entlassen wordn, denn da habns schon gwusst, den Kanal, den wollns stilllegen. Und weil ich schon so lange dabei war und außerdem Kriegsbeschädigter war – damals kam ja das Gesetz, dass Kriegsbeschädigte besser gestellt wurden – konntens mich nicht entlassen. So musst ich 1952 hier rein, in des Haus auf Schleuse Nr. 1. Seither hab ich den Dienst da herin gmacht.

Unsern Umzug von Schleuse 4 auf Schleuse 1 habn wir damals mit dem Schiff gmacht, da war alles drauf, Holz, Heu, Kartoffel, Möbel, zwei Ziegen und zwei Schweine und die drei Kinder, der älteste war sechs, das vierte Kind ist dann auf Schleuse Nr. 1 geboren.

Unser Haus war die ‚Einnehmerei Kehlheim' vom Wasserstraßenamt Nürnberg. Es hat mehrere Einnehmereien geben, eine war in Beilngries, eine war in Nürnberg. Der Einnehmer hat alle Gebühren erhalten, die in seinem Bereich anfielen – hier war der Bereich von Kelheim bis Dietfurt. Es wurden Gebühren erhoben für: Graspacht, Zellenverpachtungen, Eispacht. Im Winter habn die Brauereien und die Metzgereien ihr Eis aus dem Kanal gholt, und dafür wurde eine Eispacht erhoben, die habn für den Kubikmeter soundsoviel zahlen müssen, des warn Pfennigbeträge. Ich bin dann, die ersten Jahre, mit dem Fahrrad rausgfahrn, die ganze Strecke bis Dietfurt. Bei allen, die Grundstücke gepachtet hatten, hab ich dann einkassiert und hab des mit der Regierungshauptkasse Ansbach abgerechnet, später hat's die Regierungshauptkasse Regensburg gmacht und nach ein, zwei Jahren ist des dann eingestellt worden und die Mieter und Pächter haben direkt an die Regierungshauptkasse per Post überwiesen.

Schiffe sind zu der Zeit noch gefahren, und zwar mit Sondergenehmigung. Da hatte ich den Auftrag, weil ich die erste Schleuse war, des Schleusen eine Strecke weit zu machen, wir warn ja nicht mehr viele Leute. Auf den Schleusenhäusern waren ja keine Schleusenwärter mehr, sondern da habn Mieter gewohnt. Es ist weiter nichts mehr betrieben worden wie Kiestransport, des ging noch bis Pfeifferhütte, weiter konntens nicht mehr fahrn. Und wenn jetzt ein Schiff kommen ist, dann hab ichs nach Riedenburg gschleust, oder es hat nach Dietfurt müssen, dann musste ich mit, da bin ich mit dem Rad gfahrn, des warn so 36 Kilometer. Es gab nur noch zwei Schiffahrtsunternehmen: die Firmen Barth, des warn zwei Brüder, da hat jeder ein Schiff ghabt. Die habn die Kiestransporte gmacht, eine Ladung waren so etwa 50 bis 60 Kubikmeter, ungefähr 100 Tonnen.

Eine Zeitlang hats auch noch die Flöße gegeben, da hab ich noch auf der Schleuse Nr. 4 gwohnt, die hab ich dann durchflößt, bis nach Kelheim rein, die konnten ungefähr 40 Kubikmeter transportieren, des waren reine Holztransporte. Hier an der Schleuse Nr. 1 war ja ein großer Holzlagerplatz, bevor des bebaut worden ist. Die sind natürlich getreidelt worden, flußaufwärts meistens mit drei Pferden, auf der Altmühl bis Dietfurt. Von dort gings dann erst in den eigentlichen Kanal rein, da war stehendes Wasser, des hat dann ein Pferd gezogen. Die Flöße mussten so gebaut werden, dass sie durch die Schleusen gefahren werden konnten, da war dann rechts und links vielleicht noch 10 cm ‚Spiel', die haben immer grad so durchgepasst.

Die Schleuse Nr. 1 hatte manchmal mit besonderen Schwierigkeiten zu kämpfen, denn die lag ja direkt an der Donau. Wenn wir dann einen Rückstau von der Donau hatten, da stand das Wasser dann höher als im Altmühl-Kanal, da kriegten wir soviel Auftrieb, da hat man die Schleusentore mit Beton beschwert, damit sie's nicht aushebn hat können. Wenn a Hochwasser kommen ist, dann hat man vorsichtshalber doch beide Schleusentore aufgmacht, weil die hätts sowieso aufdrückt.

Ab und zu mussten die Schleusentore gerichtet oder sogar neu gemacht werden, das war Maßarbeit, denn die Tore mussten ja dicht schließen, es durfte kein Wasser durchlaufen. Früher gab's da Zimmerleute, die habn des gmacht, da war einer in Riedenburg, einer in Dietfurt, die habns lange Jahre gmacht. Die Schiffahrt is dann gar gwesen, wer solls denn dann machen? Dann habn eben wir des gmacht, wir waren zwei Zimmerleute, zwei Maurer, ich bin als Schreiner dazu kommen, vom Fach war ich a weng, verstanden hab ich auch a bissl was, dann habn wir halt im Winter die Tore gmacht. Im Winter wurde viel in der Schleuse gearbeitet, da wurden Koksöfen mit hineingestellt, damits ein wenig wärmer war …"

Wilhelm Tratner war ein ‚Kanaler' durch und durch, das spürte man aus seiner Erzählung, das zeigte sich darin, dass er, wie Maria Hutzler, in ‚seinem' Schleusenhaus an der Schleuse Nr. 1 wohnte. Auch bei ihm hat sich das wohl ‚vererbt', denn schon der Vater hat 18 Jahre – von 1920 bis 1938 – als Kanalmeister gearbeitet. Er selbst erlebte Unglücke und Selbstmordfälle, hat zwei Menschen das Leben gerettet und sagt: *„Am Wasser müssens immer rechnen, dass was passiert. Meinen Kindern hab ich sehr früh das Schwimmen beigebracht – in der Schleuse. Ich hab sie an einen Gurt angehängt und am Stecken durch die Schleuse gezogen."* 1978 ist er mit 63 Jahren „in Rente" gegangen, doch dem Kanal gehörte auch bis zu seinem Tod seine Aufmerksamkeit, ganz selbstverständlich: *„Das gehört zu meinem Leben …"*

❊

Georg Pfaller, Jahrgang 1905, und seine Frau Franziska, geborene Kuchlbauer, Jahrgang 1910, lebten mehr als 60 Jahre in dem kleinen Ort Mühlhausen, der zwischen Neumarkt und Berching direkt am Kanal liegt. Georg Pfaller hat 1930 seine Arbeit am Kanal aufgenommen und berichtet aus dieser Zeit.

'30 bin ich am Kanal kommen, im Winter 1930, am 27. November. Da bin ich auf der Walz gwesen, dann bin ich heimkommen nach Berching. A paar Tag später läuft mir der Kanalmeister übern Weg, dann sagt der: ‚Hast du a Arbeit?' Sag

ich: ‚Na.' Sagt der: ‚Ich brauchert zwei Mauerer.' Sag ich: ‚No, ich bin gleich dabei, und da weiß ich noch einen.' ‚Ja', sagt er, ‚den nimm ich gleich, den kenn ich, den sein Vater war auch scho am Kanal, früher.' Naja, dann habn wir da angfangt, am Brückkanal bei Beilngries, bei Gösseltal. Da is ein Nürnberger kommen, der hat ihn geteert, weil der allaweil gronnen hat, der ist ausglaufen. Der is teert wordn, mit Pappen, dann is er noch verkleidet worden mit Holz, dass die Schiff nicht die Pappen wieder wegreißen, und da hab ich mitgearbeitet, des is mei erste Arbeit gwesen. Da warn wir vier Wochen da unten, dann sin wir auf Schleuse 14 kommen.

Da habn wir dann die Schleusen verankert, da is des Verankern losgangen, zuerst ausgraben, dann halt Nuten schlagen, und da hab ich dann mei Frau kennenglernt, auf der Schleuse 14. Da hat der Hintermeier – des war a Kamerad von mir – schon gsagt: ‚Da wirst amal schaun, des wird amal dei Frau.' Der hat gsagt: ‚Die passt zu dir. Und jetzt musst obacht gebn, jetzt kommt dei Schwiegervater.' Der ist doch Kanaloberaufseher gwesen, die habn doch alle Tag ihren Gang machen müssen. Und der is einpackt gwesen, weils auch schon ein alter Mann gwesen ist, mit der Halsbinden und der Zipfelhaubn drauf, dann hab ich mir denkt: ‚Der kommt schön daher.' Naja, dann hat man doch in den Haus drin mittag gmacht und gessen und Winterzeug hat man doch anghabt, da hat man doch des Zeug in Gang reinghängt, und abends, wie's dann Feierabend gwesen ist, dann hab ich mich dort wieder umzogen und sie hat mir halt dann die Winterjoppen ghalten und dann habn wir so plaudert, und ich habs gfragt, wie des wär mit uns, dann sagt sie: ‚Müsst's mir schon vor gar nichts grausen." Dann sin wir wieder heimgfahrn mit die Fahrräder und ich sag zum Sepp: „Hast ghört, was gsagt hat?' ‚Ach', sagt er, ‚die meint doch des ganz anders.' Sag ich: ‚Die will mich net."

Na, dann is Weihnachten kommen, dann habn wir da drunter auch Weihnachten gfeiert. Sind wir bis auf Beilngries raufgfahrn zum Fuchs, dann habn wir trunken, weil grad Auszahlung gwesen ist, a Restzahlung hat man kriegt, 6 Mark, da hat man net viel machen können. Dann habn wir gsagt: Jetzt fahrn wir net heim, jetzt fahrn wir gleich wieder runter auf Dietfurt. Allesamt, die ganz Bande is da mit runter gfahrn, die Alten wie die Jungen, mit'm Fahrrad. Wir sind ja von überall herkommen, der weitste war von Schleuse 32, und der musst auch um ½ 8 Uhr drunten sein, da is die Arbeit losgangen, im Winter, und um ½ 5 Uhr ist Schluß gwesen. Im Sommer is um 7 angangen, weil da ja die Schiff gfahrn sind.

Die Schiff habn aufghört im November, weil da alles eingfrorn war, und im März is wieder losgangen. Wenn a Eisschicht drauf war von 4 cm, dann sind die Holzschiff schon nicht mehr durchkommen, dann is eingstellt worden. Meistens is am 19. März wieder angangen, am Josephitag. Des Eis hat lang herghalten am Kanal, weil da niedriges Wasser gwesen ist, des is ja oft so 40 cm tief gfrorn, und da hat des lang dauert, bis des wieder auftaut ist.

Zwei Stunden hab ich da schon braucht mit dem Fahrrad, von hier bis Schleuse 14, um 5 Uhr sind wir alle Tag aufgstanden. Da is immer des Auto durchgfahrn, von Nürnberg, des hat uns meistens den Weg gmacht, des war ein Auto von der Nürnberger Nachrichten, und in der Schneespur is man dann gfahrn, der eine links, der andere rechts.

Im Februar sin wir dann fertig gwesen auf Schleuse 14 und kurz danach bin ich wieder ausgstellt worden, ich war ja nur Saisonarbeiter, vier Jahre lang. 1934 bin ich dann fest angstellt worden am Kanal, als Hilfsschleusenwärter. Ich bin ja a Maurer gwesen, sonst wär ich gar net eingstellt worden seinerzeit, die habn nur Glernte gnommen. Und man war froh, dass man a Arbeit ghabt hat. Als Arbeitsloser hat man 7,40 Mark Stempelgeld kriegt, und wenn man ausgsteuert war, nach am halben Jahr, hat man noch 3,20 Mark kriegt in der Woche.

Wie ich angstellt worden bin, hat's gheißen: den können wir brauchen, der kommt auf Schleuse 26. Dann hab ich da angfangt, und 1935 habn wir gheiratet. Da hab ich ja noch in meinem Elternhaus gwohnt in Berching, da hab ich mir a Wohnung eingricht, und im Februar habn wir gheiratet, da sind wir noch so fünf Monate gwesen, bis Juli, dann sind wir raufkommen auf Schleuse 26. Im Winter hab ich als Maurer garbeit, da hab ich 4 Mark mehr ghabt, und im Sommer hab ich als Hilfsarbeiter garbeit. Da hat man alles machen müssen: Graben putzen, Sand ausbaggern, Gras schneiden am Treidelweg, und so fort. Zum Baggern hat man vier Mann braucht, da hat man a Baggerschaufel gnommen, die hat fünf Löcher ghabt, die hat man dann ins Wasser reingworfen, zwei Mann rechts, zwei links vom Kanal, und mit vier Meter langen Stielen hat man anzogen, des wurde alles mit Hand gemacht. Unser Arbeit war eben, den Kanal erhalten. Mit dem Schleusen hab ich gar net so viel zu tun ghabt, da gab's ja die Schleusenwärter. Höchstens, wenn mal zwei oder drei Schiffe nacheinander kommen sind, dann hat man nachschleusen müssen, weil der Schleusenwärter war dann unterwegs. Der hat ja eine Strecke ghabt von Schleuse 32 bis Schleuse 25, dann hat der nächste Schleusenwärter des weitergmacht.

Wenn a Schiff kommen is, des hast ghört, weil die Schiffer, die habn a Trompeten dabeighabt und dann habns gspielt, dann hast gwusst, jetzt kommt wieder eins. Von Berching bis nach Neumarkt, da habns einen Tag braucht, je nachdem, wie halt der Gaul herghalten hat, der musste ja den ganzen Tag ziehen, die Schiffsleine ist dreißig Meter lang gwesen. Der musste ja immer schräg gehen, und am schwersten war, des Schiff aus der Schleusen rausziehn, bis des amal in Schwung gwesen is, da sind ja Gäul in Kanal gfallen dabei, des hab ich erlebt. Die sind zwar gleich wieder rauskommen, der Kanal war ja nicht tief, einen Meter achtzig, auf der Scheitelhaltung dann zwei Meter zwanzig.

Mir habn da gscheit arbeiten müssen, viel Geld hat man net verdient, aber wir habn des ganze Jahr Arbeit ghabt. Am Bau hätt man mehr verdient, aber im Winter war man arbeitslos. Des erste Jahr hat man halt 5 Tag Urlaub kriegt, da hat man schon gmeint, Wunder was, weil früher hat der Arbeiter ja kein Urlaub ghabt, heut habn's alle Urlaub, gell. Wie ich 5 Jahr dabei gwesen bin, dann hat man 1 Tag mehr kriegt, hat man 6 Tag kriegt. Des war schon was!

Und im Urlaub hat man Holz gmacht, bin ich in Staatswald rüber zum Förster und hab gfragt, ob's a Holz gibt, dann hat's gheißen: Ja, da wird jetzt Holz ghaut, da kannst dir Buschholz zamm tun. Des hab ich dann gmacht, hab's heim gfahrn und dann habn wir wieder Holz ghabt, dann hat sie wieder schürn können. Weil kaufen konnten wir des nicht, dazu hat's nicht glangt, Kohlen erst recht nicht. Wir habn kein elektrisches Licht ghabt, bloß a Öllampen und Kerzen und an großen Holzofen, den hast ein Tag vorher schürn müssen, bis er warm gworden ist. In der Küch habn wir an Herd ghabt, der wurde schnell warm.

Und Viecher habn wir ghabt, als erstes Hennen. Wie wir da herzogn sind, hat gleich der Nachbar gsagt: ‚Von mir kannst Hennen habn.' Also habn wir mit 12 Hennen angfangt, und dann hab ich Ziegen kauft in Berching, 2 Stück und die Frau hat dann immer Schweine großzogen und hat's wieder verkauft, hat's auch a Geld verdient. Selber gschlacht habn wir auch, des war dann nach'm Krieg, '49.

1949 war's dann eigentlich Schluss am Kanal, dann sind wir weg von Schleuse 26 und wieder nach Berching zogen, da habn wir uns dann a Haus baut. Und ich hab die meiste Zeit in Nürnberg garbeitet, da hat man mehr verdient, von 1949 bis 1970, dann bin ich in Renten gangen."

Georg Pfaller, Wilhelm Trattner und Maria Hutzler haben ihr ganzes Leben am Kanal verbracht, für die Männer war es auch die meiste Zeit ihres Arbeitslebens. Ganz anders dagegen erlebte die Nachkriegsgeneration den Kanal, der, bereits stillgelegt, nun nicht mehr Arbeitsplatz, sondern Abenteuerbereich der Kinderzeit wurde.

❄

Manfred Lehmeier, Jahrgang 1943, verlebte seine Kindheit bis zum 13. Lebensjahr in Neumarkt und der Kanal war damals das ideale Revier für ihn und seine Freunde und Schulkameraden. In seinen Erinnerungen war der Kanal schöner als jeder Kinderspielplatz je sein kann, Schauplatz vieler Spielabenteuer und Lehrpfad der Natur.

„Wir habn in der Schützenstraß gwohnt, und des war vielleicht 6 oder 8 Minuten vom alten Kanal entfernt. Auf der Staufer Bruck, da hat der Kanal angfangt, und wenn wir da nüber gangen sind, da warn praktisch die Störch immer dabei, denn des war so a Sumpfwiesen, da warn die. Drei Storchennester hat's damals geben in Neumarkt, mitten in der Stadt, eines war bei der ‚Express', des war die große Fahrradfabrik. Und die sind immer Richtung Kanal gflogen, und drüber naus, Richtung Stauf, da warn große Weiher und viel Sumpf. Wenn wir am Kanal gangen sind, da warn also die Störch im Sommer immer da.

Der Kanal, des war unser Abenteuerspielplatz, aber der war eben nicht künstlich angelegt, sondern Natur pur. Des Stück zwischen der Staufer Bruck – des war noch a ganz schmale Holzbrücke – und unten, wo der Buchberg ist, des war vielleicht so zwei, drei Kilometer lang, da war der Kanal sehr tief eingiassen und wahnsinnig bewachsen, des war wie a Dschungel. Wenn'st da entlang gangen bist, da unten, da warn alle 30, 50 Meter riesige Hecht gstanden im Wasser, da hat jeder so sein Revier ghabt. Denn im Kanal gab's wahnsinnig viele Fisch, vor allen Dingen Rotaugen, des war ideal für die Hechte. Da habn uns die Eltern gsagt: Schwimmen dürft's da net, weil so a großer Hecht, der kann dir ja a Zehe regelrecht wegbeißen. Aber wir sind trotzdem rein, im Kanal hab ich des Schwimmen glernt. An dieser Stelle war des Wasser auch sehr klar, oben, an der Staufer-Bruck, wenn'st runter gschaut hast, hast die Krebse gsehn, die hat's da noch geben. Dadurch, dass der Einschnitt so tief war, sind viele Quellen in den Kanal gflossen und damit ist des Wasser immer aufgfrischt worden.

Wie der erste Hans-Hass-Film kommen ist, sind wir im Kanal zum Tauchen. Es hat ja kein anderes Gewässer geben. Ein Freibad war schon da, aber der Reiz von ein'm freien Gewässer, der war natürlich für uns Kinder viel größer. Wir habn ja dann auch Fisch gfangt, habn uns selber Angeln gmacht mit ein'm Korken, dann hat's so billige Nadeln geb'n, die hat man umbogen und hat sich an Haken draus gmacht. Dann hab'n wir an klein Fisch dranghängt und Hecht gfangt. Aber wenn wirklich amal einer anbissen hat, dann hat der den Haken abgrissen oder hat die Nadel gradbogn, auf die Art habn wir nie ein erwischt. Aber derwischt habn wir's mit die Drahtschlingen, die warn aus ganz feinem, festem Draht, wie a Lasso. Und dann: ganz vorsichtig eintauchen, von hinten vorführn bis hinter die Kiemen, dann anziehen und sofort rausschmeißen und dann … ein Messer habn wir schon ghabt, a schönes Pumamesser. Wir habn ja immer eine Lederboxn anghabt, barfuß und Lederboxn, was anders habn wir zu der Zeit net ghabt. Sonntags hast an gstrickten Janker anzogn und Schuh, sonst nur barfuß, aber: a Pumamesser in der Lederhosn drin. Alles was mehr gsehn habn, die ersten Tarzanfilme, alles is am Kanal nachgmacht worden. An die Bäum wie die Affen gschwungen, taucht wie Hans Hass, ein abenteuerliches Kinderleben.

Einmal hat's gheißen: also, heut baun wir ein Floß. Mein Großvater hat ja alles gsammelt, im Hof war a riesige alte Tür, und Benzinfässer. Draht war ja auch da, massig, dann habn wir auf an ‚Harritsch', des war a so ein zweirädriger Karren, da habn wir die Fässer drauf und die Tür, und dann habn wir's zu fünft nunterzogen am alten Kanal. Die Fässer habn wir zammbunden und habn's rein und habn die Tür oben drauf glegt. Aber dann war in dem einen Faß a Loch drin, des hat dann Wasser kriegt und des Ganze hat Schieflage kriegt, und auf einmal ist die Tür wie beim Stapellauf ins Wasser und untergangen, die war so schwer! Und weg war's. Des eine Faß is dann auch untergangen und der Draht ist grissen, naja, dann sind wir rein und habn alles wieder rausgholt, weil, wir musstens ja wieder heim bringen, denn wenn des gfehlt hätt, dann hätt mir der Großvater was erzählt. …

Im Kanal bin ich manchmal auch unfreiwillig baden gangen, zum Beispiel im Winter, beim Schlittschuhlaufen. Des war ja toll, hast kilometerweit fahrn können, aber es warn Quellen da, und da war des Eis dann aufgleint, dann habn wir natürlich Eisschollen-Springen gmacht, mit Anlauf über den Spalt drüber, des hat uns natürlich Spaß gmacht. Einmal hab ich's halt nimmer ganz gschafft, bin genau bis zur Kanten hinkommen, abgrutscht und schwupp, war ich weg. Bis zur Brust im eiskalten Wasser, so. Und dann bist heimgangen. Bis ich da heimkommen bin, war alles stocksteif und bockelhart gfrorn. Dann war keiner da und der Ofen war nicht angschürt, da bin ich net amal aus meine Lederstiefel rauskommen, so gfrorn war des …

Eines Tages kommt mein Großvater her, nimmt mich bei der Hand und sagt: ‚Du kommst jetzt mit, ich zeig dir was'. Dann hat er sein Fahrrad gnommen, hat mich auf die Lenkstange vorn drauf gsetzt und ist mit mir nach Kreiselbach gfahrn, vielleicht 10 Kilometer, des war im Sommer an ein'm Werktag und da warn relativ viel Leut da. Jetzt ist der letzte Lastkahn, der damals noch gfahrn ist, der ist aus dem Wasser rauszogen worden. Des war des größte Schiff, was ich bis dahin gsehn ghabt hab und ich war total beeindruckt. Mein Großvater hat mir des erklärt, was da eigentlich los ist, aber des hat mich als Kind nicht so interessiert, ich war halt von dem Schiff beeindruckt, dass da eine Ära zu Ende geht, in dem Alter sagt dir des noch nichts. Ein paar Jahr später hab ich des dann schon begriffen.

Eines Tages hat's gheißen: es wird eine Autobahn baut, und zwar direkt, wo jetzt der Kanal ist. Des habn wir uns überhaupt nicht vorstellen können, da wo überall diese Büsch sind, wo wir Indianer- und Cowboyspiele, wo wir Tarzan und Bomba und alles gmacht habn, dass da Autos fahrn sollen, des war so unvorstellbar. Die Autobahn ist dann viel später kommen, aber genau auf der anderen Seite an Neumarkt vorbei. Aber insgesamt ist von dieser ursprünglichen Umgebung, in die der Kanal eingebettet war, an dieser Stelle kaum mehr was übrig. Da, wo wir unseren Garten ghabt habn, wo diese ganzen Sumpfwiesen waren, da ist heut ein Industriegebiet, da ist alles zubetoniert. Da, wo damals die Zigeuner mit ihrer Wagenburg warn, da sind heut lauter Industriebauten, da, wo nur Sumpf war und die Störch sich die Frösch gholt habn, wo wir große Ringelnattern gsehn habn, da ist heut alles asphaltiert, da ist wirklich ein Teil meiner Kindheit begraben. Kanal und Natur, des war eins, und obwohl's eine künstliche Wasserstraße war, war's für uns Kinder des reinste und schönste Naturerlebnis. Also im alten Kanal, meine Kindheit, auf, im und unterm Wasser, des war's.

Leider ist heut, gerade da in Neumarkt – an anderen Stellen ist der Kanal ja noch gut erhalten – aber da ist es ganz schlimm. Ich geh gern am Kanal spazieren oder fahr Fahrrad, aber an die Stelle geh ich heut ungern hin, weil mich des traurig stimmt.“

Die herrlichen Erinnerungen an die Kindheit sind bei Manfred Lehmeier mit Wehmut vermischt, weil sein Revier aus Kindertagen heute unter Asphalt und Beton begraben ist. Was bleibt, sind die Erinnerungen und damit im Herzen aller Erzähler die Liebe zum „Alten Kanal“.

❊

Werner Schwarz, Jahrgang 1927, der in seiner Kindheit viele Sommer am Kanal verbrachte, erzählt aus seinen Erinnerungen:

„Vom Nürnberger Hauptbahnhof aus sind wir mit dem Zug nach Burgthann gefahren. Dort sind wir ausgestiegen, denn der Bahnhof liegt ja gleich in der Nähe des alten Kanals. Dann ging es so ungefähr eine bis eineinhalb Stunden lang zu Fuß weiter. Unser Ziel war das Gasthaus „Zum Ludwigskanal“.

Mein Vater war ein leidenschaftlicher Angler und hatte den Abschnitt von der Schleuse 33, die an der Scheitelhaltung des Kanals liegt, bis zum Dörlbacher Einschnitt vom Kanalamt gepachtet. Er war der Hauptpächter und hat dann wieder einzelne Anglerkarten an sechs bis acht Leute ausgegeben. Das war eine eingeschworene Truppe, es waren meistens Nürnberger, die sich am Samstag und Sonntag dort getroffen haben. Es war damals die Zeit, wo man nicht so wie heute verreisen konnte. Mein Vater hat fast jedes Wochenende am Kanal verbracht und hat dort auch Urlaub gemacht, im Ausland waren wir nie.

Auf dem Weg nach Schwarzenbach mussten wir unter einer Eisenbahnbrücke durch, die über den Kanal hinwegging. Das war für mich immer ziemlich unheimlich, denn die Eisenkonstruktion dieser Brücke war sehr niedrig und wenn wir unten durchgingen und ein Zug drübergefahren ist, dann hat das so richtig laut gepoltert. Als wir die Schleuse 33 erreicht hatten, die dem Kanalmeister Hirsch unterstand, den mein Vater auch gut gekannt hat, haben wir eine kleine Pause eingelegt. Am Schleusentor war der Platz, wo er immer seine Reusen rein getan hat. Öfters hat er sogar mal einen Aal gefangen.

Am Distellochdamm ist es um eine Kurve rumgegangen und dann hat man schon vorne das Gasthaus gesehen. Dort haben meine Eltern übernachten können und sind hier auch verköstigt worden. Wir haben immer gesagt, das ist der „Fürst“, das war der damalige Pächter des Gasthauses. Als erster hat uns der Hund begrüßt, wir haben ihn das „Russla“ genannt. Ein wirklich zotteliger Freund war das und der hat uns schon von weitem gesehen und hat immer genau schon gewusst, jetzt kommen wir Fischer und dann ist er gewetzt .

Der Vater hat mit seinen Freunden gefischt und die Frauen haben sich in die Hängematten gelegt, die zwischen den großen, alten Obstbäumen hinten im Wirtsgarten befestigt waren. Die Mutter hat ihre Koteletts ausgepackt, ein Glas mit Kartoffelsalat hatte sie auch mit dabei und dann ist richtig gevespert worden. Der Vater hat sein Bier getrunken und ich hab mein Windsheimer gekriegt. Das war schön.

Der Distellochdamm ist ein besonderer Abschnitt des Kanals. Da gab es Bisamratten, die sich dort Höhlen gebaut haben. Dadurch hat es ein Leck gegeben, der Kanaldamm ist gebrochen und alles Wasser ausgelaufen. Die Fische sind mit rausgeschwemmt worden und lagen unten im Talgrund. Es waren so viele, dass sogar die Bauern mit ihren Wägen gekommen sind, sie aufgeladen und mitgenommen haben. Gott sei Dank sind die Sicherheitstore zugegangen, diese Not-

tore, und haben das Wasser gestoppt. Für meinen Vater war das damals ein großer Verlust, es war ja sein Fischwasser und er musste wieder neue Fische einsetzen.

Später, als ich schon ein bisschen größer war, bin ich auch mit den Kindern im Dorf zusammengekommen. Die haben ihre Kühe auf die Au getrieben, auf die Gemeindewiese und da bin ich mitgegangen. Dann hat man sich auf den Buckel gelegt, in den Himmel raufgeschaut und den Wolken zugesehen, wie sie vorbeigezogen sind. Die Dorfjugend hat mich schon aufgenommen, nur manches Mal haben sie mich auch gehänselt, „du Stadtfrack, sei ruhig" hieß es dann.

Am Sonntagabend ist es wieder heimgegangen. Meine Mutter hat dann gesagt „Also etz Heiner", das war mein Vater, „etz müssen wir heimgehen." Na ja, der Vater, der war halt in seinem Kreis drin und hat fleißig erzählt und erzählt und wollt noch nicht heim. Bis es der Mutter zu dumm geworden ist und sie mit ein paar anderen Bekannten aufgebrochen ist. Aber so ganz einfach ging das nicht, denn ich war müde und wollte nicht laufen. Anstatt mich zu tragen, haben sie mit mir „Rollerfäßla" gespielt und den Damm da runter gekugelt. Entweder ist der Vater dann nachgekommen oder er ist später mit einem anderen Zug gefahren. Es hat ja die fahrplanmäßigen Züge gegeben und zusätzlich je nach Bedarf außerplanmäßige Vor- oder Nachläufer.

Später, das wird so um 1932 gewesen sein, ich war dann fünf Jahre alt, ich bin 1927 geboren, hat der Vater ein Auto gehabt und vom Zugfahren sind wir dann abgekommen. Von seinem Schwager, der ein Taxigeschäft hatte, hat mein Vater ein Auto bekommen. Er hatte zwar den Führerschein, aber mit dem Autofahren hat er nicht viel am Hut gehabt, also am liebsten hätte er sich halt fahren lassen. Er hat einen Hanomag gekriegt, das war eine Kohlenkiste, die hinten und vorne rund war, in so gelblicher Farbe. Vorne waren zwei Sitze für den Vater und die Mutter und hinten war so eine Klappe, ein Art Notsitz, die man aufmachen konnte. Das war mein Platz, und das Gepäck war auch da drinnen.

Wenn wir losfahren wollten, ist das Theater schon angegangen, das Ding ist halt immer nicht angesprungen. So einen Seilzuganlasser hat das Auto gehabt und da hat man ein bestimmtes Benzin-Luftgemisch einstellen müssen. Also jedenfalls ist er nicht angesprungen und mein Vater wurde richtig zornig und hat laut geflucht. Wenn die Leute dann aus den Fenstern geschaut haben, war ihm das schrecklich peinlich und erst, wenn die Kiste dann endlich gefahren ist, wars wieder besser. Das Schwarzachtal von Ochenbruck bis Burgthann war noch herrlich zu fahren. Aber dann, nach Burgthann – die Straße nach Schwarzenbach war noch nicht gebaut – mussten wir über den Berg rüberfahren, das war so ein Ding. Oben ging es um eine steile Kurve, dort war es dann aus, das Auto blieb stehen; der Motor hatte einfach zu wenig PS, um diese Steigung zu packen. Meine Mutter und ich mussten aussteigen und schieben, bis er wieder in die Gänge gekommen und noch rauf gefahren ist. Wir mussten hinterher laufen und oben haben wir dann wieder einsteigen dürfen, denn jetzt gings bergab.

Ich hatte eine unbeschwerte Kindheit am Kanal, aber leider war es damit so um 1937 vorbei, als meine Eltern geschieden wurden. Mein Vater ist noch weiter zum alten Kanal raus gefahren, selbst dann noch, als ich 1949 geheiratet habe. Später habe ich ihn dann hinten auf dem Sozius meines Motorrads mitgenommen, auf meiner „Triumph", ein Nürnberger Fabrikat halt.

Auch heute noch nach all den Jahren zieht es mich immer wieder nach Schwarzenbach. Der Kanal ist immer noch ein wunderschöner Ort für mich, man kann sagen, mein ganzes Leben war irgendwie mit dem Kanal verbunden."

Die Erzählungen von Maria Hutzler, Wilhelm Tratner, Georg Pfaller und Manfred Lehmeier wurden zwischen November 1995 und Januar 1996, die Kindheitserinnungen von Werner Schwarz im Juli 2009, vom Autor auf Tonband aufgezeichnet und dann in Erzähltexte umgeformt. Es wurde versucht, persönlichen Sprachstil und Dialektform dabei weitgehend zu erhalten.

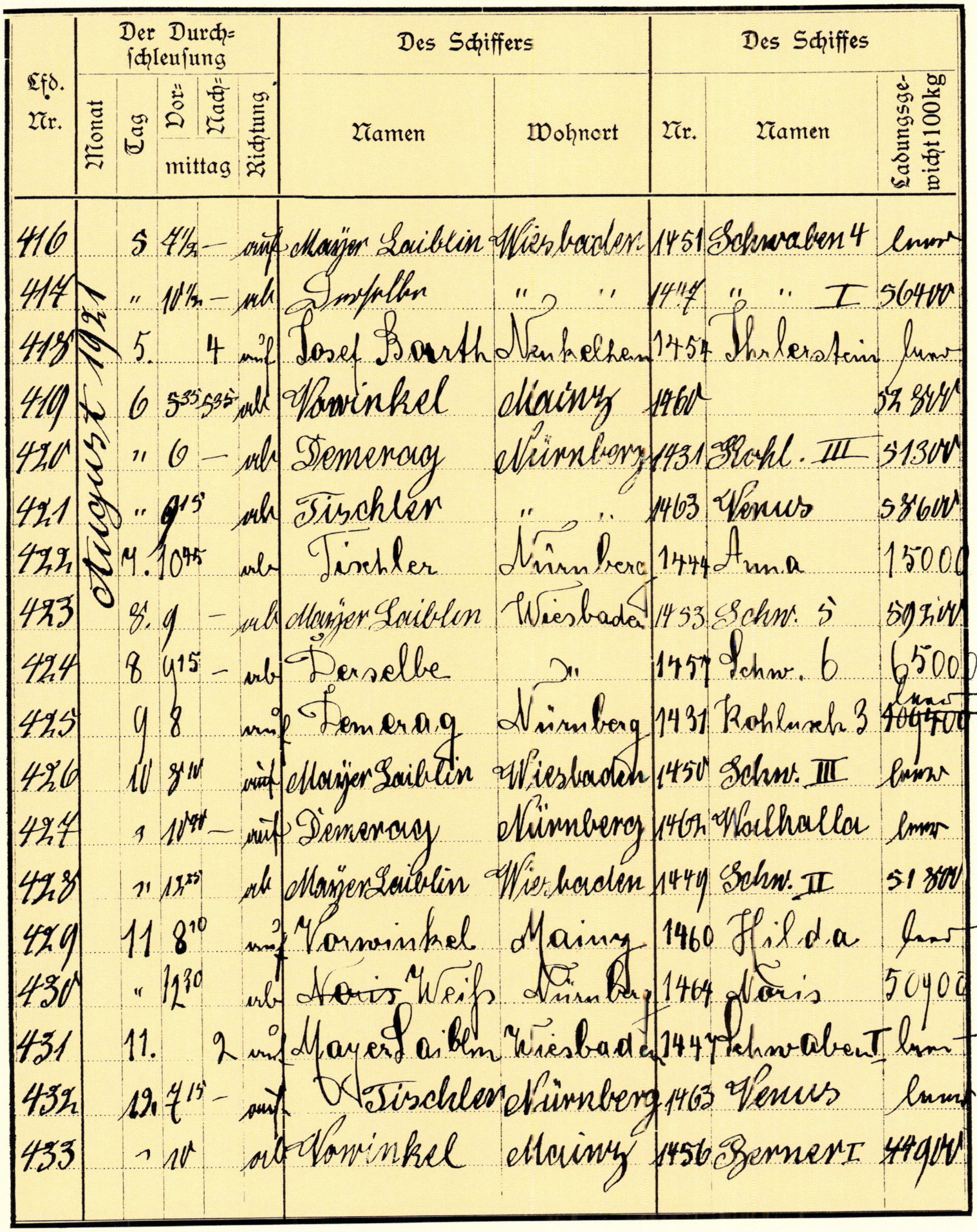

Lfd. Nr.	Der Durchschleusung: Monat	Tag	Vormittag	Nachmittag	Richtung	Des Schiffers: Namen	Wohnort	Des Schiffes: Nr.	Namen	Ladungsgewicht 100 kg
416	August 1921	5	4½	–	auf	Maijer Laiblin	Wiesbaden	1451	Schwaben 4	leer
417		"	10½	–	ab	Derselbe	" "	1447	" " I	56400
418		5.		4	auf	Josef Barth	Neukelheim	1454	Ihrlerstein	leer
419		6	5^{35}	5^{35}	ab	Vorwinkel	Mainz	1460		52 800
420		"	6	–	ab	Demerag	Nürnberg	1431	Kohl. III	51300
421		"	9^{15}		ab	Tischler	" "	1463	Venus	58600
422		7.	10^{45}		ab	Tischler	Nürnberg	1444	Anna	15000
423		8.	9	–	ab	Maijer Laiblin	Wiesbaden	1453	Schw. 5	59200
424		8	9^{15}	–	ab	Derselbe	"	1457	Schw. 6	65000
425		9	8		auf	Demerag	Nürnberg	1431	Kohlusch. 3	~~40400~~ leer
426		10	8^{10}		auf	Maijer Laiblin	Wiesbaden	1450	Schw. III	leer
427		"	10^{40}	–	auf	Demerag	Nürnberg	1462	Walhalla	leer
428		"	12^{25}		ab	Maijer Laiblin	Wiesbaden	1449	Schw. II	51 800
429		11	8^{10}		auf	Vorwinkel	Mainz	1460	Hilda	leer
430		"	12^{30}		ab	~~Noris~~ Weiß	Nürnberg	1464	Noris	50400
431		11.		2	auf	Mayer Laiblin	Wiesbaden	1447	Schwaben I	leer
432		12.	7^{15}	–	auf	Tischler	Nürnberg	1463	Venus	leer
433		"	10		ab	Vorwinkel	Mainz	1456	Berner I.	44900

Seite aus dem Schleusenbuch der Schleuse Nr. 70 bei Worzeldorf aus dem Jahr 1921

Von Kanaläpfeln, Nachtgiekern und anderen verlorenen Dingen

Klaus Schamberger

Von der Oberölsbacher Höhe schaut man halb nach Franken, halb in die Oberpfalz. Über dem Kanal ziehen die Schafe durch die schrägen Wiesen, das Wasser hat eine Gänsehaut, und der Wind kommt von Osten. Die Oktobersonne wärmt nicht mehr. Aus dem Schilf steigt der Zigarettenrauch von einem Angler auf. Drei Ruten hat er ausgelegt, aber nicht einmal Köderfische beißen, so durchsichtig ist das Wasser, so schlecht sind die Ratschläge der frierenden Radler, und so schlau sind die herbstfetten Karpfen. Das Wirtshaus „Zum Ludwigskanal" hat Ruhetag. Im Sommer haben sie dort ein Bierzelt gehabt, direkt am Kanal. Die Feuerwehrleute aus Schwarzenbach haben mit ihren dicken Schläuchen in den erstaunten Himmel gespritzt, und als ihnen das Kanalwasser ausgegangen ist, haben sie ihre Löschversuche im Bierzelt fortgesetzt. Die Äpfel haben Runzeln, in die Äste fährt der frühe Abendnebel, und in den Stamm haben hundert Jahre ihre Furchen gegraben. Dem Bauern sein Gesicht schaut so aus wie die Äpfel. Der Ostwind pflückt die Äpfel vom Baum, und ohne Hast fallen sie gleichmäßig ins Gras. Und einer fällt in den Kanal, dass es Wellen gibt und dass der Kettenraucher im Schilf denkt, die Karpfen beißen. In der Aufregung verheddern sich die Angelschnüre, und die gerade erst angezündete Zigarette fällt ins Wasser.

Der Bauer aber sammelt die Äpfel in den Korb. Rotbackige, wurmige und verfaulte, Vitamin C für den Schweinestall. Die schönsten Äpfel aus der Krone wirft er aber nicht vor die Säue. Die schwimmen zwischen Seerosen und Autoreifen über den Karpfen auf dem Kanal – in Richtung Burgthann bis zur Schleuse, und nur, wenn sich der Wind dreht, kommen sie wieder zurück.

Den Vorteil hat der Ludwig-Donau-Main-Kanal: Wo es ihn noch gibt, liegt er weder im Interessengebiet der Politik noch im Einzugsbereich des Wirtschaftswachstums, sondern in seinem Bett zwischen zwei Treidelwegen. Die Verbotstafeln beschränken sich aufs Schwarzfischen mit Drachenschnur und aufgebogener Sicherheitsnadel, und im Winter fährt kein Eisbrecher von Schleuse zu Schleuse. Oft gibt es Ende Oktober schon Eis, das aber für die Eisstockschützen und Schlittschuhläufer nur dann nützlich ist, wenn beim Gefrieren sich kein Lüftchen regt. Wenn der Frost zwischen Pelzmärtel und Nikolaus schnell kommt und der nördliche Wind über den Glasersberg ins Kanaltal fällt, gefrieren die Wellen und die Karpfen gleich dazu. In dem Fall reserviert man sich eine Dezembernacht mit Vollmond. Über den fingerdicken Schnee zieht eine Fuchsspur von einem Ufer zum anderen, die alten Eichen heben die verkrüppelten Arme in den eisigen Himmel, den Pappeln ist das Rauschen vergangen, und gemäß einer alten Überlieferung kommt der Nachtgieker in den Rauhnächten aus der Oberpfalz: auf der spiegelglatten Geisterbahn von weit hinter Neumarkt durch geöffnete Schleusen, mit Kufen an den haarigen Pferdefüßen, einen Besenstiel in der Hand, an dem das Totenhemd als Segel hängt.

Manchmal hört man ihn winternachts noch pfeifen. Aber es gibt ihn nicht mehr. Den Nachtgieker und Kanalschlamper haben sie auf der Autobahn beim Übersetzen überfahren, und sein weiß-rotes Totenhemd hängt an der Leitplanke. Im Februar bricht das Eis, manchmal erst Mitte März.

Immerhin, vor faden Monumenten haben die Zukunftsplaner, jene akademischen Zubetonierer mit Staatsexamen und einem Reißbrett vorm Kopf, schon einen Respekt. Am 15. Juli 1846 wurde der Ludwig-Donau-Main-Kanal offiziell eingeweiht und inoffiziell auch gleichzeitig beerdigt. Das schwülstige Denkmal in Erlangen, am Fuß des wichtigsten fränkischen Bierberges, steht immer noch. So weit wenigstens reichte die Pietät. Was den dazugehörigen Kanal angeht, ließen Diplomingenieure, Landvermesser, Architekten und andere Landschaftsuniformierer nur wenig Gnade vor Recht ergehen. Mit dem Kanalbett haben sie gründlich und bis zur Unkenntlichkeit reinen Tisch gemacht. Es fahren keine Schlagrahmdampfer, es baden keine Kinder, kein Schilf rauscht, keine Uferbäume stehen gegen den Wind, kein saurer Wein wächst an sandsteinernen Schleusenwärterhäuschen in die Höhe, niemand wirft Steine über das Wasser. Ein Spazierweg unter Apfelbäumen ist halt keine Kapitalanlage, die Macher vermissten das Zweckdienliche. Da hat die Schnellstraße, die man dem Kanal in den Bauch betoniert hat, schon viel zugkräftigere Feinheiten zu bieten: In zehn Minuten bist du in Forchheim, falls du nach Forchheim willst, alles ist kreuzungsfrei und bleiverseucht, Baiersdorf ist endlich kein Dorf mehr, sondern eine Autobahnausfahrt, o heiliger Veit von Frankenstein, du und dein Schnellweg haben uns gerade noch gefehlt. Die Schlehen wachsen jetzt woanders, aber der bittere Nachgeschmack bleibt uns ja Gott sei Dank. Und geblieben sind auch die Kanalratzen, die Kanalfranken und das schöne Denkmal am Schweißfuß von der Bergkirchweih. Der Fortschritt reicht bis nach Nürnberg in die Gartenstadt, wo der Kanal auf einmal wieder auftaucht. Noch ein bißchen trüb zwar, geodelt und verdreckt, wo nach dem Krieg die Schifffahrt von Kindern mit Blechbooten aus amerikanischen Flugzeugbenzinkanistern aufrechterhalten worden ist, aber schon schwimmen Enten dort, gehen zwei Rentner am Spazierstock, und angehende Erwachsene liegen paarweise am Ufer unter den Haselnussbüschen. Vergessen sollte man keinesfalls auch die Autobahnausfahrt Rothenburger Straße. Zwischen Schlachthof, Mülloper, Gaswerk und anderen Naturereignissen weist ein Wirtshausschild auf das hin, was einmal war: „Zum grünen Tal".

„Zum schwarzen Auspuff" müsste es jetzt eigentlich heißen. Durch Fliegerbomben leckgeschlagen, ist der alte Kanalhafen damals ausgelaufen und trocken gelegen. Ihn zu erhalten war angeblich zu teuer. Ihn zu zerstören ist dafür recht und billig gewesen. Nach der Gartenstadt kommt dem Kanalbett noch einmal für ein paar hundert Meter der Fortschritt dazwischen, aber danach hat man ihn zügig in Ruhe gelassen. Aber es ist absehbar, dass man dem Altwasser trotz Denkmalschutz und Naturaufpassern demnächst wieder an den Kragen geht. Denn die Natur ist im Begriff, sich den Ludwigskanal wieder einzuverleiben.

In den Schleusenkammern wachsen Vergissmeinnicht und wilde Kirschen, Sauerampfer und Spitzwegerich. An den Ufern blühen Lilien und Butterblumen. Denen und den Eichelhähern, den Krähen und Kreuzottern, Karpfen, Schleien, Brombeerhecken, den Schwarzbeerzupfern und Dorfindianern wird das Straßenbauamt bestimmt bald wieder einmal aufweisen, wo der Barthel den Most holt, beziehungsweise den Beton.

Am Sicherheitstor an der Dörlbacher Brücke, 1995

Historisches Treidelschiff „Elfriede“ bei Schwarzenbach, 1995

Nächste Doppelseite:
Erstes Grün zwischen Mühlhausen und Berching, 2009

Apfelblüte bei Plankstetten, 2009

Schleuse Nr. 70 bei Worzeldorf, 2010

Zwischen Schilf und Apfelbäumen: Der Treidelweg bei Dörlbach, 2009

Kumuluswolken über dem Kanal südlich von Berching, 2010

Nächste Doppelseite: Historische Treidelfahrten bei Schwarzenbach, 1995

ELFRIEDE
ELFRIEDE

Beschaulich und gemütlich: Ausflugsfahrt auf dem Treidelkahn „Elfriede“, 1995

ELFRIEDE
150 Jahre LDM - Kanalschiffahrt

Schäfer am Gruberbachdamm bei Oberölsbach, 1994

Königsfischen bei Rasch, 1980

Schleuse Nr. 14 bei Dietfurt, 1979

Blick von der Schleuse Nr. 28 auf die Schleuse Nr. 29 bei Mühlhausen, 2008

Bei Plankstetten, im Hintergrund die Benediktinerabtei, 2010

Oben:
Zur Versteigerung nummerierte Obstbäume bei Unterölsbach, 1995

Rechts:
Frühlingsanfang bei Mühlhausen, 2009

Nächste Doppelseite:
Gondelfahrt im Bamberger Kanalhafen, im Hintergrund „Kleinvenedig", 2009

Venezianische Gondel im Nonnengraben in Bamberg, 2009

Untere Brücke über den Nonnengraben in Bamberg, 2009

„Am Kranen" in Bamberg, links im Hintergrund der Michelsberg, 2009

Nächste Doppelseite: Abendstimmung bei Berg, 1994

50

Kanalpartie vor Neumarkt mit Blick auf die Burgruine Wolfstein, 2008

Klosterruine Gnadenberg, 2009

Historisches Treidelschiff „Alma-Viktoria“ in der Schleuse Nr. 25 bei Mühlhausen, 2009

Treidelzug zwischen Mühlhausen und Pollanten, 2009

Nächste Doppelseite: Morgenstimmung an der Schleuse Nr. 72 in der Gartenstadt Nürnberg, 2010

Kanalschwimmer am Sicherheitstor bei Peunting, 1995

Die ehemalige Schleuse Nr. 20 im Ottmaringer Tal, 1985

Schleifspuren des Treidelseils, 1994

Rückgriff der Natur, 2009

Eingewachsene Schleusennummer, 1995

Verlandete Kanalabschnitte im Ottmaringer Tal und bei Beilngries (unten), 2009

Die durch den Bau des Main-Donau-Kanals vollkommen verschwundene Schleuse Nr. 17 im Ottmaringer Tal, 1985

Die Schleuse Nr. 22 im Ottmaringer Tal, 1985

Schleusenwärter Wilhelm Tratner an seiner Schleuse Nr. 2 in Kelheim, 1995

Die Donau bei Kelheim kurz vor der Einmündung des Ludwigskanals, im Hintergrund die Befreiungshalle, 2010

KELHEIM

Sonnenaufgang bei Oberölsbach, 1995

Das Treidelschiff „Elfriede" am Dörlbacher Einschnitt, 1996

Nächste Doppelseite:
Herbststimmung in der Gartenstadt Nürnberg, 2008

Morgennebel bei der Schleuse Nr. 72 in der Nürnberger Gartenstadt, 2008

Sandsteinbrücke in der Gartenstadt Nürnberg, 2008

Sandsteinbrücke in der Gartenstadt Nürnberg, 2008

Brückkanal über die Schwarzach, 2007

Nach dem Kanalbau aufgelassener Steinbruch beim Distellochdamm, 1995

Durchfluss des Distelbaches an der westlichen Talseite des Dammes, 2010

Linke Seite: Durchlass des Distelbaches im Distellochdamm, 1995

Herbststimmungen bei Oberölsbach, 2007

Kanaläpfel, 1980

Dörlbacher Einschnitt, 1995

Nächste Doppelseite:
Nebelstimmung bei Schwarzenbach, 2007

Sonnenuntergang bei Schwarzenbach, 2006

Einfallende Winternacht in der Nähe von Röthenbach bei St.Wolfgang, 2009

Nächste Doppelseite;
Der kleine Brückkanal über den Gauchsbach bei Röthenbach bei St. Wolfgang, 2003

Verschneite Winterlandschaft bei Schwarzenbach und Oberölsbach, 2006

„Natureisbahn alter Kanal“ bei der Schleuse Nr. 72 in der Gartenstadt Nürnberg

Eisstockschützen in Worzeldorf an der Anlegestelle, 2009

Eisstockschützen bei Dörlbach, 2009

Kilometerstein bei Beilngries, 2007

Blick auf die Schleuse Nr. 29 bei Mühlhausen, 2009

Der Brückkanal über die Schwarzach bei Feucht, 1994

*Linke Seite:
Konzert im Gewölbe
des Brückkanals, 2001*

Unten:
Schleuse Nr. 72
in der Nürnberger
Gartenstadt, 1980

Rechts:
Die ehemalige Schleuse Nr. 6
bei Schloss Prunn
im Altmühltal, 1979

Ehemalige Schleuse Nr. 17 im Ottmaringer Tal, 1985

Schleuse Nr. 50 bei Schwarzenbruck, 1995

Schäfer am Kettenbachdamm bei Oberölsbach, 1993

und im Ottmaringer Tal bei der ehemaligen Schleuse Nr. 21, 1978

Verlandeter Kanal bei Beilngries, 1992

Nächste Doppelseite:
Das Patrizierschloss Gugelhammer in der Nähe
von Röthenbach bei St. Wolfgang, 2003

Raureif-
impressionen
bei Peunting,
2009

Abendstimmungen bei Schwarzenbach und bei Oberölsbach, 2009

Nächste Doppelseite:
Ehemalige Schleuse Nr. 8 im Altmühltal bei Gundelfing, 1985